Georg Reider

Vom Himmel berührt
Das Vaterunser als Übung der Achtsamkeit

Georg Reider

Vom Himmel berührt

Das Vaterunser als Übung der Achtsamkeit

Rediroma-Verlag

Bibliografische Information der Deutschen Nationalbibliothek:
Die Deutsche Nationalbibliothek verzeichnet diese Publikation in der Deutschen Nationalbibliografie; detaillierte bibliografische Daten sind im Internet über http://portal.dnb.de abrufbar.

ISBN 978-3-98527-934-0

Umschlagillustration: Novinit Images (shutterstock.com)

www.rediroma-verlag.de
9,95 Euro (D)

Der Autor

Jahrgang 1955. 1977 Eintritt in den Franziskanerorden. Studium der Theologie in Brixen und Innsbruck, der Erziehungswissenschaften und Religionspädagogik mit Promotion an der Päpstlichen Universität der Salesianer in Rom.

Von 1992 bis 2000 Dozent für Religionsdidaktik und Spiritualität am Höheren Institut für Theologische Bildung in Brixen.

2000 bis 2007: Psychosynthese Ausbildung an der SIPT in Florenz (Institut von Roberto Assagioli).

Seit 2011 Mitglied der Evangelisch Lutherischen Kirchen in Italien. 2018 Ordination, seit 2019 Pfarrer der Evangelischen Gemeinde Venedig und anschließend der von Verona – Gardone.

Publikationen:

- Spiritualität des Herzens, Kösel 2008.
- Lass die Seele für dich sorgen. Entlastend leben. Achtsam glauben, Kreuz 2014.
- Vom Glück der Muße. (Mitherausgeber), Piper 2014

Vorwort

Liebe Leserin, lieber Leser,

viele Menschen leben heute hektisch und außengesteuert und haben sich Lebensstile angeeignet, in denen kaum Zeit und Raum für irgendeine geistliche Praxis vorgesehen sind. Was wird diese Form des Lebens mit den Menschen mittel- und langfristig machen?

Kann der Glaube ohne minimale spirituelle Alltagspraxis, ohne Achtsamkeit für das, was im Inneren passiert, weiterhin Sinn- und Kraftquelle für die Menschen sein? Kann das Christentum Orientierung für die moderne Gesellschaft bleiben, wenn Christinnen und Christen keine innere Verankerung und kein Gespür für innere Erfahrung haben? Kann Glauben eine heilsame Alternative zu Außensteuerung, Konsum und Hektik sein, in der Menschen in sich finden, was sie im Außen vergeblich suchen?

Mit diesen Fragen und möglichen Antworten werden sich Glaubende, Suchende, Gesellschaft und Kirchen auseinandersetzen müssen. Ich schlage als Antwort und Angebot für diese Situation einen einfachen Weg geistlicher oder spiritueller Praxis vor, der den inneren Weg Jesu spiegelt. Wohl eher unbewusst als bewusst stellte er über viele Jahrhunderte die Initiation in das Christentum dar und nährte die Flamme des geistlichen Lebens auf sehr einfache Weise.

Das Vaterunser hat über zwei Jahrtausende das bewusstgemacht, was Frauen und Männer vom Leben und von Gott aus der Sicht des christlichen Glaubens hielten und erwarteten. Zu einer Zeit, in der Religiosität allgegenwärtig war, wurde es zu den verschiedensten Anlässen gebetet. Heute leben wir in einer Welt, in der Religion aus dem Alltag zu verschwinden scheint. Damit verblassen auch die Gedanken und Bilder des Göttlichen, die im Vaterunser so einfach und genial zusammengefasst sind.

Wir brauchen etwas Einfaches, das die Verbindung zwischen Alltag und Gott herstellt, was aber nicht zu viel Zeit erfordert, weil die meisten Menschen wenig Zeit haben. Deshalb ist die Gebets- oder Achtsamkeitsübung, die ich hier vorstelle, einfach und leicht in den Alltag zu integrieren. Einmal gelernt, erfordert diese Übung nicht viel Zeit und verbindet die Menschen doch mit den zentralen Gedanken der Botschaft Jesu und schenkt dadurch Halt und Orientierung.

Ich bin in einer Zeit und Umgebung aufgewachsen, in denen es üblich war, vor jeder Mahlzeit, am Morgen und am Abend, zu beten. Dabei wurde hauptsächlich das Vaterunser verwendet. 27 Jahre war ich katholischer Priester und über dreißig Jahre habe ich als Ordensmann gelebt. Wie oft ich in dieser Zeit das Vaterunser gebetet habe, vermag ich nicht zu sagen, jedenfalls sehr, sehr oft: gewohnheitsmäßig und eher oberflächlich, wie mir aus dem Rückblick erscheint.

Irgendwann sind mir auf meinem spirituellen Weg Kontemplation und Zen begegnet. Dort habe ich gelernt und erfahren, dass quälende und belastende Gedanken und Gefühle, die uns Tag für Tag begleiten, größtenteils hausgemacht sind. Wir können uns, mindestens zeitweise, von ihnen befreien, wenn wir lernen loszulassen oder unsere Aufmerksamkeit für eine Zeit ganz und gar auf etwas anderes lenken. Das ist das Wesen der Achtsamkeit. Ich praktiziere inzwischen über dreißig Jahre eine Art Zen und erlebe immer wieder die befreiende und verankernde Kraft dieser geistlichen Übung. Dabei habe ich auch erkannt, dass sich die spirituellen Überzeugungen der jesuanischen Spiritualität und des Zen im Wesentlichen decken und gegenseitig befruchten können.

Im Laufe der Zeit bin ich zu der Überzeugung gekommen, dass zentrale religiöse Texte, wie auch das Vaterunser, nicht zu verstehen, sondern meditativ „wahrzunehmen" sind. Es geht auch nicht darum, etwas zu erbitten oder zu wollen, sondern um bewusste und achtsame Hingabe an die Gedanken und Bilder eines Textes. Sich den Gedanken und Bildern des Vaterunsers auch nur für kurze Zeit ganz achtsam und aufmerksam zu widmen, bewirkt, dass nicht ich etwas mache oder etwas erreichen will, sondern dass in mir und mit mir etwas geschieht, das ich nur zulassen muss und darf.

Alle alten Gebete sind nicht Bittgebete, sondern bewirken durch ihre achtsame Wiederholung das, was sie beschreiben. So ist alles, was im Vaterunser angesprochen wird, schon da und wird durch das achtsame Denken oder Aussprechen bewusstgemacht und angeeignet.

Das erfahrungshafte Meditieren des Vaterunsers hat nicht nur eine zentrale Bedeutung für die Entwicklung des Glaubens. Hinter diesem Text stehen Haltungen oder Prinzipien, die uns helfen, die inneren Bedingungen für gutes Leben oder ein weises Herz zu erkennen und zu entwickeln. Sie zeigen uns einen Weg, der uns über das hinausführt, was wir (uns) leisten und erreichen können und was wir zu sein scheinen.

Das achtsame Gebet des Vaterunsers war das Kernstück der frühen Jesusbewegung und kann als das großes Vermächtnis Jesu bezeichnet werden. Dieser einfache Text kann auch für den heutigen Menschen zu einer spirituellen Praxis werden, die nicht überfordert und in den Alltag integrierbar ist. Aber trotz Einfachheit braucht auch dieser Weg Interesse, Bereitschaft, Entscheidung und eine minimale Übung.

Dieses Buch ist parallel zu meiner seelsorglichen Arbeit über einen Zeitraum von drei Jahren entstanden. Meine Partnerin hat das Buchprojekt von

Anfang an kritisch und unterstützend begleitet und lektoriert. Dafür möchte ich ihr herzlich danken.

Dem Rediroma-Verlag danke ich für die Verlegung des Buches und die Begleitung in der letzten Phase der Veröffentlichung.

Georg Reider

Verona, Juni 2023

Inhaltsverzeichnis

Einführung

Es gibt in allen Sprachen unzählige Bücher zum Vaterunser: Einführungen, wie man es verstehen kann, was es heute bedeuten könnte und wie man damit beten kann. Ich will mit diesen Überlegungen und dem sich daraus ergebenden Übungsweg einen ganz anderen Zugang zu diesem großen Gebet erschließen. Einen Weg, der die Prinzipien westlicher und östlicher Spiritualität verbindet und sich als Übung der Achtsamkeit versteht.

Damit will ich auch zur ursprünglichen Intention des Vaterunsers hinführen: Es ist eigentlich kein Bittgebet, sondern eine Zusage. Sie verwirklicht sich, wenn wir uns ihr mit ganzer Hingabe und Aufmerksamkeit aussetzen.

Das Vaterunser ist auch kein theologischer oder gar dogmatischer Text, sondern ein spirituell-mystischer. Als solcher legt er Spuren zur Erfahrung des Göttlichen und ist selber das Ergebnis dieser Erfahrung. Als mystischer Text drückt er Einstellungen, Haltungen und innere Überzeugungen darüber aus, wie spirituelles Leben funktioniert. Diese Haltungen und Überzeugungen nenne ich Prinzipien. Sie finden sich in allen religiösen Traditionen, im Zen wie in der Mystik Meister Eckharts.

Im ersten Abschnitt will ich relativ kurz und übersichtlich in die Entstehung des Vaterunsers einführen. Dabei geht es nicht um akademische

Genauigkeit – die finden sich in vielen anderen Veröffentlichung zum Vaterunser –, sondern um eine fundierte Zusammenschau, die neue Erkenntnisse zur Umwelt und Lebenssituation Jesu einschließt. Dabei ist mir wichtig, jene Informationen hervorzuheben, die eine ganzheitliche oder spirituelle Deutung des Vaterunsers aufzeigen.

Dann beschreibe ich die Hinweise Jesu zum Beten im Allgemeinen und zum Beten des Vaterunsers im Besonderen. Unter welchen Bedingungen und mit welcher Haltung sollen wir beten? Diese Voraussetzungen für das Gebet, wie Jesus es gelehrt hat, wurden und werden immer wieder übersehen. Sie sind aber ‚die' Bedingungen, Beten im Geist Jesu zu verstehen und zu üben.

Dazu passt ein kleiner Ausflug in die Theologie Meister Eckharts. In seinem Kommentar zum Vaterunser teilt er wirklich augen- und herzöffnende Erkenntnisse zur Spiritualität des Vaterunsers und des Gebetes mit uns.

Anschließend arbeite ich heraus, was ich im Kontext dieses Buches unter Prinzipien verstehe. Was Prinzipien sind, wie sie unser Leben steuern und welche Prinzipien hinter den einzelnen Versen des Vaterunsers stehen.

Im zweiten und ausführlichsten Kapitel werden die einzelnen Bitten des Vaterunsers aus drei Perspektiven dargestellt und vertieft:

- ihre ursprüngliche Bedeutung, welche die bibelwissenschaftliche Forschung bzw. die biblische Theologie erschließt;
- ihre existenzielle Bedeutung, die sich aus der Übertragung der ursprünglichen Bedeutung in die heutige Zeit ergibt,
- und schließlich wird allen Aussagen des Vaterunsers ein spirituelles Prinzip zugewiesen. Damit wird je eine Einstellung oder eine Haltung reflektiert, die sich aus den einzelnen Aussagen des Vaterunsers ergeben.

Das letzte Kapitel beschreibt dann die Praxis, den Weg, das Vaterunser als Achtsamkeitsübung zu beten und zu meditieren.

Das Wort Vater, Abba, kommt in diesen Ausführungen natürlich sehr, sehr oft vor. Die Diskussion, ob Gott Mann oder Frau ist oder sein könnte, kann hier nicht geführt werden. Für die Lesbarkeit des Textes wäre es hinderlich, immer Vater / Mutter zu schreiben. Ab und an, wenn es angepasst und gut möglich ist, werde ich dies trotzdem tun und damit Respekt für jene Menschen auszudrücken, die Widerstand gegen eine rein männliche Beschreibung des Göttlichen verspüren. Geschlechtergerechte Sprache ist äußerst wichtig, um die Vorstellungen und Gefühle aller Menschen zu achten. Leider gibt es in der deutschen Sprache noch keine gute Regelung, wie man als Schreiber/in mit diesem

Anspruch umgehen kann, ohne immer alles doppelt schreiben zu müssen. Abba, Vater oder / und Mutter enthält keine geschlechtliche Definition, sondern bezeichnet den liebenden Grund allen seins, von dem Jesus sein Leben getragen und inspiriert erfuhr. Dieser dürfte jenseits aller geschlechtlichen Bestimmungen liegen.

Simone Weil (1909 – 1943), eine der großen Mystikerinnen des 20. Jahrhunderts, erzählt, dass das tägliche einmalige ganz und gar achtsame Durchgehen der Vaterunser-Bitten ihre einzige geistliche Übung war, der sie erstaunlich viel verdankt. Irgendwie ist diese Praxis Vorbild für die hier vorgeschlagene Übung der Achtsamkeit am Vaterunser-Text.

Die hier vorgestellte spirituelle Übung mit dem Vaterunser besteht also lediglich darin – nicht mehr, aber auch nicht weniger –, als sich regelmäßig für kurze Zeit mit ganzer Hingabe, Achtsamkeit und Aufmerksamkeit den Gedanken und Bildern des Vaterunsers zu widmen. Diese Übung bewirkt, was Jesus der achtsamen Beterin / dem achtsamen Beter verspricht: „Dein Vater, der das Verborgene sieht, wird es dir vergelten“ (Matthäus 6,6).

Liebe Leser/innen, ich freue mich, wenn Sie sich auf diesen Weg einlassen.

Kapitel I

1.1 Warum und wie das Vaterunser entstand: Die Jesusbewegung im Kontext der Erneuerungsbewegungen ihrer Zeit

Im ersten Jahrhundert nach Christus, als Jesus aufwuchs, sein Wirken begann und seine Bewegung entstand, war in Palästina eine starke religiöse Wiederbelebung im Gange. Viele Juden suchten nach einer persönlicheren Begegnung mit ihrem Gott. Sie glaubten, dass die Verwirklichung der alttestamentlichen Verheißungen und die Erfahrung des Gottes der Väter nicht ausschließlich an den Tempel gebunden sein konnten. Man war auch enttäuscht von dem, was im Tempel passierte, und über die Korruption der Priesterklasse entsetzt. Es gab verschiedene Gruppierungen, die, ähnlich wie Jesus, den ‚neuen und wahren Tempel' in den Häusern und in den Synagogen der Dörfer und Städte sahen und sich selbst als Priester verstanden.

In den Erneuerungsbewegungen nahm das Gebet eine zentrale Rolle ein: Es ersetzte die Tieropfer am Tempel und das stellvertretende Gebet der Priester für das Volk. Das Gebet war der wirksamste Ausdruck der Frömmigkeit und der Identität dieser Bewegungen und man kann annehmen, dass jede Bewegung eigene Gebete entwickelte und betete, um die Zugehörigkeit zur Gruppe, das religiöse

Weltbild und die spirituelle Praxis der Gruppe auszudrücken. In dieser Umgebung lehrte Jesus seine ersten Jünger und Jüngerinnen „Unser Vater im Himmel ...“ zu beten.

Jesus strebte also mit mehreren Bewegungen eine grundsätzlich neue religiöse Praxis an. Was er mit den jüdischen Reformbewegungen seiner Zeit teilte, war eine kritische Distanz zum Tempel in Jerusalem, die Entwicklung neuer Symbole, die den Tempel ersetzen sollten, die Relativierung des traditionellen Priestertums und die Ersetzung der Opfer durch das Gebet (Clark, 70). Die Anbetung des Vaters im ersten Teil des Vaterunsers und die Vergebungszusage im zweiten Teil des Vaterunsers ersetzten Tempel und Opfer.

Das Vaterunser war also nicht nur ein Gebet, das man lernt und aufsagt. Es war Einführung und Einübung einer neuen religiösen Identität und Praxis. Das Vaterunser war auch Einführung in und Teilhabe an der Beziehung Jesu zu seinem Vater, der durch das Gebet auch der Vater des Beters und der Beterin wird. Jesus führt seine Gemeinschaft in ‚sein‘ Beten ein und schenkt ihr dadurch Anteil an ‚seiner‘ Vaterbeziehung. Durch das Vaterunser gab Jesus ihnen „Anteil an seinem Atem, am eigenen Leben, an seinem Gebet“. (Wright T., 2).

Das Vaterunser verwendet die Worte und Bilder der alttestamentlich jüdischen Gebetspraxis. Das Neue und Geniale ist aber ihre Kombination, die eine bisher nicht dagewesene Vertrautheit mit dem Göttlichen an- und zuspricht. Damit wird die im Tempelkult zugesagte Nähe zu Jahwe und seinen Zusagen bei Weitem überboten.

Der Zusammenbruch der Tempeltradition

Als ab den späten 60er Jahren die schriftliche Verfassung der Evangelien begann, lag ganz Palästina politisch, wirtschaftlich und sozial darnieder. Die römische Unterdrückung, die zum Jüdischen Krieg geführt hatte, war jetzt noch heftiger.

In der Apostelgeschichte (etwa 90 n. Chr.) wird zwar noch berichtet, dass die nachösterliche Gemeinde den Tempel besucht und gleichzeitig in ihren Häusern betet (Apg.3,1 und Apg 1,14).

Allerdings hat der sogenannte Jüdische Krieg (ab 66 n. Ch.) in der Zerstörung des Tempels im Jahre 70 seinen Höhepunkt gefunden und den totalen Niedergang der kultischen Praxis im Tempel mit sich gebracht. Dadurch übernahmen die Synagogen der Dörfer und Städte mehr und mehr die Funktionen des Tempels.

„Nach der Großen Revolte von 66 bis 74 gab es keinen Tempelkult mehr. Der Priester opferte nicht mehr; der Levit sang nicht mehr; Israel pilgerte nicht mehr zum heiligen Tempel. Von nun an konnten nur noch das Gebet und das Leben der rabbinischen Frömmigkeit die Verbindung Israels mit seinem Vater im Himmel gewährleisten" (Schiffman, zit n. Clark, 57).

Dies bedeutet, dass in der Zeit, als Jesus die Seinen über seine Art des Betens in die besondere Gottesbeziehung einführte, in der Gruppe um Jesus schon eine kritische Beziehung zum Tempel bestand. Schon vor der Zerstörung des Tempels waren die Gemeinschaften, die sich um Jesus und den Auferstandenen gebildet hatten, vom Tempel unabhängig geworden, sodass die Zerstörung des Temples ihre spirituell religiöse Identität nicht mehr belastet haben dürfte.

Das Gebet eines Vaterlosen

Der Überlieferung nach lehnte Jesus den Tempel und die Priesterschaft nicht gänzlich ab: er lehrte immer wieder im Tempel, nahm an den Tempelfesten teil und entrichtete die Tempelsteuer. Neuere Forschungen zur Biografie Jesu stellen die positive Beziehung Jesu zum Tempel allerdings ganz und gar infrage. Als religiöser Außenseiter (vgl. Johannes 8,48) ist es eher unwahrscheinlich, dass Jesus im Tempel lehrte, da er als außerehelich geborener und unverheirateter Mann nur den Vorhof des

Tempels betreten durfte (vgl. Andries v. Aarde 2000 und H.H. le Roux 2011).

Die Opposition, die Jesus und seine Bewegung aus dieser Isolation heraus dem Tempel und den alten religiösen Traditionen gegenüber entwickelten, dürfte in der Tempelreinigung (Mt 21,12-17) ihren Höhepunkt gefunden und schlussendlich zur Hinrichtung Jesu geführt haben.

Aus der Perspektive dieser religiösen und sozialen Isolation und Stigmatisierung ergibt sich eine neue Sicht auf die Jesusbewegung. Die Beziehung Jesu zu Gesellschaft und Religion ist neu zu bewerten, wenn Jesus vaterlos war und einer düsteren Zukunft entgegenging. Alle wussten von seiner Situation und Jesus selbst wusste auch, dass er als Außerehelicher weder ganz eins mit der jüdischen Gemeinschaft noch Teil des wahren Israel sein konnte; dass er nicht zur Abrahams Abstammung gehörte und keine jüdische Frau heiraten durfte (J.H. le Roux 2011, 9). Was bedeutet die ‚Abba-Erfahrung' für Jesus, den kein irdischer Vater als Sohn anerkannte und der keine Familie gründen durfte?

Wir dürfen davon ausgehen, dass Jesus in der Abba-Erfahrung (das tiefe existentielle Erleben, dass Gott ein bedingungslos guter Vater ist) auf ein Vertrauen in das Leben gestoßen ist, das ihm seine Ursprungsfamilie und die religiösen Überzeugungen und Rituale seiner Zeit nicht geben konnten. Aus dieser Erfahrung heraus konnte er sich befreien vom Druck und Zwang der gesellschaftlichen und religiösen Traditionen und konnte eine Weite leben, die ihn zum glücklichsten aller Menschen werden ließ (D. Sölle).

Das Wesentliche vereinfachen und allen zugänglich machen

Jesus hat die vielen religiösen Gesetze, Dogmen und Riten gekannt, die mit der religiösen Praxis seiner Zeit verbunden waren, und wusste auch um den gesellschaftlichen Druck, der ihr Nichtbeachten auslöste. Die vielen Auseinandersetzungen mit Schriftgelehrten und Pharisäern, die in den Evangelien wiedergegeben werden, bringen dies zum Ausdruck.

Konnte man Religiosität und Spiritualität des Judentums, die in die Geiselhaft einer äußert komplizierten und mächtigen Tradition geraten war, befreien und durch eine radikale Vereinfachung erneuern? Konnte man zur alten Verheißung der Väter Zugang haben, ohne die vielen religiösen Riten befolgen zu müssen? Kann man Gottes Nähe und Liebe erfahren, ohne die religiösen Vorschriften zu beachten, die eine mächtige, aber im Inneren tote, Tradition einforderte?

Das Vaterunser ist die Bejahung all dieser Fragen. Und Jesus hat den Menschen dieses Gebet als ausreichende religiöse Praxis angeboten. Allerdings schwang für die Zeitgenossen Jesu in den Worten und Bildern des Vaterunsers ein Wissen und eine Sehnsucht mit, die uns heute abhandengekommen sind. Denn die einzelnen Vaterunser-Bitten sind wie das Inhaltsverzeichnis eines Buches. Wenn man dieses liest, weiß man zwar schon mehr, als wenn man nur den Titel liest, aber was die einzelnen Punkte des Inhaltsverzeichnisses wirklich meinen, erschließt sich erst dem, der das Buch liest. Einerseits ist das Gebet Jesu also eine Art Verdichtung seiner religiösen Vorstellungen und seiner spirituellen Praxis, die man erst versteht, wenn man ihren Hintergrund ausleuchtet. Gleichzeitig sind die einzelnen Vaterunser-Bitten jedoch in ihrer Einfachheit und Direktheit so stark und aussagekräftig, dass sie das Herz des Menschen unmittelbar zu berühren vermögen.

Das mag der Fall gewesen sein, wenn einfache Menschen über die Jahrhunderte dieses Gebet sprachen und in Freud und Leid daraus Hoffnung und Zuversicht schöpften. Allerdings war dies eine Zeit, in der das religiöses Bewusstsein unvergleichlich stärker war als in unserer Zeit. Um das religiöse Empfinden zu entwickeln, brauchen wir heute besondere Wege und Angebote.

Der Versuch, Erfahrung in einem Text weiterzugeben

Die Entwicklung des Vaterunser-Textes, wie wir ihn heute zu beten gewohnt sind, ist sehr komplex. Jesu Muttersprache, in der er gedacht, geredet, gepredigt und gebetet hat, ist das Aramäische. Dabei handelt es sich um das Mittelaramäische, einen Palästinisch-Aramäischen Dialekt. Mittelaramäisch ist auch eine Zeitangabe, die in etwa die Zeit 200 v.Chr. bis 200 n.Chr. umfasst. (Fitzmayer, 11f.). Den in dieser Sprache gebeteten und gelehrten ursprünglichen Text kennen wir nicht. Was uns überliefert ist, sind Übersetzungen in das Griechische. Die griechischen Textfassungen sind die ältesten Spuren zu den Erzählungen über Jesu und zu seiner Lehre. Dazu gehört auch das Vaterunser.

Das Neue Testament enthält zwei Fassungen des Vaterunsers (Matthäus 6,9-13 und Lukas 11,2-4). Eine weitere Version findet sich in der Didache (8,2), der ersten Kirchenordnung und der ältesten Beschreibung christlicher Lebenspraxis. Das Matthäusevangelium wurde etwa um 80 n.Chr. geschrieben, das Lukasevangelium zwischen 70 und 90 n. Chr. und die Didache etwa um 150 n. Chr. in Syrien oder in Ägypten.

Die Bibelwissenschaft ist sich darin einig, dass die kürzere Lukasfassung die ursprünglichere ist; dass Lukas die übernommene Vorlage an einigen Stellen nach seinen sprachlichen und theologischen Vorgaben überarbeitet hat; dass Matthäus sein Vaterunser der ursprünglichen Tradition angepasst hat.

Die Matthäusversion ist einerseits das Ergebnis der theologischen Redaktion des Evangelisten. Andererseits aber dürfte das Matthäusevangelium im Kontext syrischer Gemeinden entstanden sein. In diesen Gemeinden sprach man aramäisch und die Redaktionsarbeit des Matthäus könnte der Versuch gewesen sein, die aramäische Bedeutung des Gebetes Jesu im Griechischen wiederzugeben (Brown (1961, 178). Das scheint mir eine glaubwürdige und anregende These zu sein, die für die theologische und spirituelle Interpretation des Textes wichtig ist.

Das Vaterunser ist Zusammenfassung des Evangeliums (Lehre), Gebetsschule und Beschreibung der spirituellen Praxis Jesu. In seiner Kürze und Dichte ist es einer der bedeutendsten, wenn nicht der zentrale Text des Neuen Testaments. Aber er ist in eine Sprache und in Bilder gekleidet, die einer bestimmten Kultur und Weltanschauung entsprechen. Jesus war Mensch seiner Zeit und machte die Erfahrungen seiner Zeitgenossen. Er überschreitet aber, gerade in seinem spirituellen Erleben, den kulturellen Raum seiner Zeitgenossen. Aus seiner Erfahrung heraus spricht Jesus von einer zeitlosen und kulturunabhängigen Wirklichkeit in der Sprache seiner Zeit. Gerade deshalb waren die Menschen wohl so angezogen von diesem neuen Lehrer. Er hat eine Dimension des Lebens und der Wirklichkeit angesprochen, nach der sich die Menschen sehnten, und er hat in einer Weise geredet und gelehrt, die

Menschen noch nie gehört haben (Mt 7,29). Aber lässt sich das, was Menschen mit Jesus erlebt haben, lassen sich seine Wege, mit Gott in Beziehung zu treten, in einem Text weitergeben? Dies war wohl das zentrale Anliegen der Schreiber der Evangelien. Um diesem Ziel näher zu kommen, lässt Matthäus Jesus als Vorspann zum Vaterunser die Bedingungen authentischen Betens beschreiben.

In Jesu Schule: wie man sein Gebet beten soll.

Wie jemand betet, gehört zum inneren Geheimnis eines Menschen und das Gebet eines Menschen führt in das Geheimnis seiner Gottesbeziehung. Deshalb war es üblich, dass ein Meister seine Jünger in die Art und Weise seines Betens einführte (Lukas 11,1). Natürlich interessierte die Menschen, die mit Jesus lebten, wie er gebetet hat. Aber das Beten Jesu war nicht (nur) eine Gebetstechnik, sondern setzte eine vertrauensvolle Beziehung zum „Vater" voraus und war deren ständige Einübung. Als Hinführung zum Vaterunser beschreibt Jesus die Bedingungen für das Gebet in seinem Geist: „Wenn ihr betet, sollt ihr nicht plappern." (Matthäus 6,7). Das heißt: Wenn ihr betet, sollt ihr nicht einfach so daherreden, ohne nachzudenken, nur wiederholen und nur nachsagen. Sondern, wenn ihr betet, sollt ihr dies achtsam, bewusst und aufmerksam tun. Es geht beim Gebet in der Art Jesu auch nicht darum, dass wir Gott oder dem Vater etwas sagen müssen, um gehört und erhört zu werden. „Gott weiß, was ihr braucht, noch bevor ihr ihn darum bittet“ (Matthäus 6,8). Es geht beim Beten vielmehr darum, dass uns etwas bewusst wird, dass wir etwas fühlen, dass wir eine Vertrauensbeziehung zu Gott und neue Vorstellungen über das Leben mit und aus ihm entwickeln können.

Eine weitere Bedingung für das Gebet, wie Jesus es versteht und lehrt, ist die radikale Innerlichkeit, die vor jedem zur Schau stellen absehen muss: „Wenn du betest, gehe in deine Kammer und schließ die Tür“ (Matthäus 6, 6). Sich in dieser Achtsamkeit vor den Vater zu begeben, ohne irgendwelche Ansprüche auf gesellschaftliche oder äußere Anerkennung, aber auch ohne irgendwelche Erwartungen, erfordert eine besondere Bewusstheit und Reife, die gerade für den modernen Menschen in seiner extremen Außensteuerung eine große Herausforderung ist.

Schließlich sind für das Gebet im Geist und in der Haltung Jesu noch folgende Einstellungen wichtig: sich nicht zu sorgen und keine Angst oder Furcht zu haben. Sorge (n), Angst und/oder Furcht sind einerseits menschliche Fähigkeiten, die uns helfen, uns langfristig mit unseren Lebensbedingungen und Lebensmöglichkeiten auseinanderzusetzen. Andererseits sind es auch Lebenseinstellungen und

Persönlichkeitsaspekte, die sehr belastend sein können, uns Tag und Nacht begleiten und die Lebensqualität trüben können. Sorge, Furcht oder Angst sind vielfach nicht objektiv, sondern sind eine subjektive Reaktion auf das, was in und um uns ist und geschieht und was wir in unserer Vorstellung produzieren. Sorge, Furcht und Angst abstellen oder relativieren zu können, ist eine psychologische und spirituelle Fähigkeit, zu der Jesus und alle spirituellen Traditionen einladen. Objektiv wissen wir, dass wir in vielen Bereichen des Lebens durch unsere Sorgen oder durch die Angst vor etwas den Verlauf der betreffenden Angelegenheit nicht wirklich verändern oder beeinflussen können. Auch ersticken die Sorgen des Alltags das Wort (Matthäus 13,22) und hindern es daran, Frucht zu bringen.

Sorgen und Angst entstehen durch die innere Annahme, dass wir im Leben und in seinen Ansprüchen allein sind und führen zum Gefühl, überfordert zu sein. Die ‚Abba-Erfahrung', in die Jesus die Seinen und uns einführen will, sagt uns die Zuwendung und die Sorge des Vaters zu; die Sorge eines Vaters, der weiß, was wir brauchen, und dessen Schutz wir unser Leben anvertrauen dürfen.

Meister Eckhart und das ‚Gebet des Herrn'

Der große deutsch Mystiker Meister Eckhardt (1260 – 1328) hat einen Kommentar zum Vaterunser verfasst (super oratione dominica). Er macht darin Aussagen zum Beten im Allgemeinen und zum Beten mit dem Vaterunser im Besonderen, die gerade in der spirituellen Auslegung des Vaterunsers und für die Übung, die hier vorgestellt wird, sehr bedeutsam sind. Es sind grundsätzlich zwei Hinweise.

Der erste Hinweis ist, dass das Vaterunser „das Gebet des Herrn" ist. D. h., es ist nicht „unser Gebet", sondern er spricht es mit mir und für mich – oder mit uns und für uns – vor Gott aus. Der Mensch, so meint Meister Eckhart, kann Gott nicht direkt ansprechen oder hören, er steht sich selber im Weg (Vinzent, 2010).

Diese Behauptung hat mit der spirituellen Erfahrung des Meisters zu tun und hängt mit den Beobachtungen zusammen, die Eckhart in der Begleitung von Menschen auf ihrem inneren Weg gemacht hat. Das, was er zum Beten des Vaterunsers sagt, ist einerseits so genial und andererseits sehr entlastend. Das Geniale daran ist der Hinweis, dass wir in der Eigen- und Fremdwahrnehmung immer verschiedene Filter haben, die wir Abwehr und Schutz nennen können, die uns aber im Wege stehen, uns selbst und andere ganz oder authentisch wahrzunehmen. ‚Sich im Wege stehen' ist ein Bild für die menschlichen Erfahrungen, dass uns etwas daran hindert, ganz da zu sein, ganz loslassen und geschehen lassen zu können, uns ganz in etwas zu versenken. Wenn uns dies möglich ist, sprechen wir von Flow-Zustand (M. Csíkszentmihályi) oder von Gipfelerfahrungen (A. Maslow – R. Assagioli). Aber Eckehart weiß, dass dies nicht der Alltag ist und dass wir uns deshalb, so, wie wir sind, dem anvertrauen dürfen, der uns dieses Gebet geschenkt hat und der es für und mit uns betet. Das ist die entlastende Vorgabe für das Beten des Vaterunsers.

Die zweite Beobachtung wächst aus der ersten heraus. Eckhart meint, dass die uns/unser Bitten (unser Vater, unser Brot, unsere Schuld) damit zu tun haben, dass Jesus sich mit uns identifiziert: Gott ist sein, unser und mein Vater. Zu diesem betet er mit und für uns um Brot und Vergebung. Jesus identifiziert sich nach Eckhart so weit mit dem Menschen, dass er nicht nur mit uns um unser Brot bittet, sondern sich auch mit unserer Schuld identifiziert, indem er für und mit uns betet ‚vergib uns unsere Schuld, wie auch wir vergeben unseren Schuldigern'. Nur wenige Theologen und Denker sind in der Vorstellung, wie weit Inkanation gehen kann, so weit gegangen wie Eckhart.

1.2 Prinzipien: Verbindung östlicher und westlicher spiritueller Wege

Wir gehen davon aus, dass unser Verhalten von unseren Vorstellungen darüber, was unser Tun und Lassen auslösen, bestimmt wird. Weil wir bewusste oder unbewusste Gedanken darüber haben, was ein bestimmtes Verhalten bewirken wird, tun wir bestimmte Sachen und vermeiden andere. Weil wir z.B. meinen, dass Gerechtigkeit und Großzügigkeit mittel- und langfristig besser für alle sind, verhalten wir uns dementsprechend. Offensichtlich erkennen einzelne Menschen und Gruppen, dass es Gesetzmäßigkeiten gibt, die zu einem sinnerfüllten Leben führen, wenn man ihnen folgt. Diese Gesetzmäßigkeiten werden Prinzipien genannt.

Prinzipien beschreiben die Funktionsweisen der Wirklichkeit. Prinzipien werden vom Menschen nicht entwickelt, sondern entdeckt. Und wie die Entdeckung der physikalischen Prinzipien die Entwicklung der Wissenschaften ermöglicht, so ermöglicht die Entdeckung der geistigen Prinzipien die ganzheitliche Entwicklung des Menschen.

Ich bin auf das Konzept der Prinzipien bei S. R. Covey gestoßen. Er hat sich mit ihnen ausführlich befasst und erklärt, dass Prinzipien unveränderliche und unvergängliche Vorgaben sind, die die Bedingungen für Entwicklung, Zufriedenheit und Wohlergehen darstellen. Prinzipien werden nicht entwickelt oder von außen auferlegt und sind auch nicht mit Normen, Gesetzen oder Werten zu beschreiben. Sie werden erkannt und übernommen, weil Einzelne oder Gruppen ihre Wahrheit an ihrer Wirkung erkennen (vgl. Covey, 2013).

Prinzipien entstehen also nicht dadurch, dass einzelne Menschen oder Organisationen sie erfinden oder entwickeln, wie etwa Organisations- oder Betriebsstrategien, Prinzipien sind immer schon da. Sie sind unsichtbare geistige Gesetze der Wirklichkeit, die untrüglich wirken und funktionieren, wie auf physischer Ebene die Schwerkraft. Trotzdem kann man sie nicht unmittelbar nachweisen, wie physische Gesetze. Aber an den mittel- und langfristigen Auswirkungen können wir feststellen, ob wir im Einklang mit den Prinzipien gelebt und gearbeitet haben oder nicht.

Covey verwendet für prinzipienorientiertes Leben und Arbeiten den Begriff der Charakter-Ethik. Für ein Leben und Verhalten, das sich nicht um Übereinstimmung mit den Prinzipien bemüht und nur auf unmittelbaren Gewinn ausgerichtet ist, verwendet Covey den Begriff der Image-Ethik (Covey, 1998, 12ff). Wer nach der Image-Ethik lebt, dessen Pläne werden langfristig, wenn nicht mittelfristig, scheitern. Charakter-Ethik, innere Überzeugung und Übereinstimmung mit den Prinzipien der Wirklichkeit führt langfristig zu Erfolg, Wohlergehen und Zufriedenheit. Covey nennt dies Fruchtbarkeit, weil sich die Folgen prinzipienorientierten Verhaltens natürlich entwickeln, also wachsen. Jesus verwendet, um Gleiches anschaulich zu machen, das Gleichnis vom Haus, das auf Felsen (Charakter-Ethik) bzw. auf Sand (Image-Ethik) gebaut ist (Matthäus 7, 24-27). Das Haus, das auf Fels gebaut ist, kann den Widerwärtigkeiten standhalten, das Haus, das auf Sand gebaut ist, zerbricht daran.

Im Laufe der Zeit haben die Menschen diese ungeschriebenen Gesetze, die Entwicklung, Frieden und Glück der Gemeinschaft und einzelner Menschen fördern, entdeckt. Diese ungeschriebenen Gesetze kann man verschieden bezeichnen, es gibt viele verschiedene Wege, sie zu erkennen und zu leben, sie sind aber nicht das Ergebnis menschlicher Intelligenz oder Entscheidungen. „Prinzipien sind unveränderliche und unvergängliche Wahrheiten über die Wirklichkeit. Sie wurden unter anderem von den spirituellen Traditionen entdeckt und beschrieben und sind Teil aller großen und bleibenden religiösen, philosophischen und ethischen Systeme (Covey, 1998, 31).

Das Vaterunser spricht zentrale Prinzipien des menschlichen Lebens an, innere Haltungen und Einstellungen, die einen zukunftsfähigen Umgang mit unserem Leben, seinen Möglichkeiten und Widrigkeiten zum Ausdruck bringen. Diese Prinzipien finden sich in allen spirituellen Traditionen und führen östliche und westliche Wege zusammen. Weil

Prinzipien eben nicht erfunden, sondern entdeckt oder erkannt werden, sind sie eine unsichtbare Dimension der Wirklichkeit und deshalb in allen Kulturen und religiösen und spirituellen Traditionen gleich.

Achtsamkeit und Aufmerksamkeit: Grundprinzipien spirituellen Lebens

Zu den Grundprinzipien spirituellen Lebens gehören Achtsamkeit und Aufmerksamkeit. Sie sind praktisch das Eingangstor und die Vorgabe, damit man anderen Prinzipien erkennen und leben kann. In der Lehre Jesu, im ganzen neuen Testament und in der christlichen Tradition werden weder Achtsamkeit noch Aufmerksamkeit explizit genannt, wohl aber implizit beschrieben. Beide erhalten in der letzten Zeit, vor allem aus der Begegnung mit der östlichen Spiritualität, eine neue Bedeutung.

Achtsamkeit wird derzeit nicht nur als spirituelle Übung oder Haltung beschrieben, sondern drückt sich in einer Bewegung aus, die es ganz weit nach oben oder vorne gebracht hat: in die Aus- und Weiterbildung, in die Psychotherapie und in die Psychosomatischen Kliniken hinein.

Für den modernen, vielfach gehetzten und gestressten Menschen ist Achtsamkeit eine unschätzbare Hilfe geworden, den Geist zu beruhigen, sich wahrzunehmen und dadurch den Erfahrungsraum des Lebens nach innen und außen zu erweitern.

Die Übung der Achtsamkeit kommt aus dem Buddhismus und hat mit der Steuerung der Aufmerksamkeit zu tun, die die Abwendung von dem, was belastet und hetzt, zur Folge haben soll. Diese Abwendung geschieht beispielsweise über achtsame und urteilsfreie Beobachtung dessen, was sich in uns gerade tut bzw. was wir in diesem Augenblick erleben. Wenn wir uns dem, was wir gerade tun oder erleben, ganz zuwenden und hingeben, beruhigt sich der Geist und der Körper entspannt sich.

Die Übung der Achtsamkeit im Buddhismus peilt aber nicht Beruhigung und Entspannung an, sondern die Erkenntnis der Wirklichkeit und ihrer inneren Prinzipien. Beruhigung und Entspannung sind dann Folgen, die aus dieser Erkenntnis erwachsen. Heute wird Achtsamkeit aber vielfach so gelehrt und praktiziert, dass ein zentraler Bereich dessen, was Achtsamkeit ursprünglich bedeutet und bewirkt hat, ausgegrenzt wird. In den östlichen spirituellen Traditionen gehört die Schulung der Achtsamkeit seit Jahrtausenden zu den zentralen Übungen für ganzheitliche spirituelle Entwicklung.

In unserem Kulturkreis ist die Bedeutung der Achtsamkeit für Lebensgestaltung und Entwicklung neu. Denn in der europäischen Kultur- und Geistesgeschichte war Achtsamkeit als Begriff weder in der Philosophie, noch in der Religion, noch in der Spiritualität in Gebrauch. Erst in den vergangenen Jahrzehnten entwickelte sich auf den Gebieten der Spiritualität, der Psychologie, der Pädagogik und der Psychosomatik Interesse am Phänomen und an der positiven Auswirkung von Achtsamkeit. Allerdings haben die Anregungen der Philosophie, die spirituellen oder geistlichen Übungswege des Christentums und aller Religionen das gemeint und praktiziert, was wir heute Achtsamkeit nennen, dafür aber andere Begriffe und Konzepte verwendet. Z.B. Innehalten, innere Sammlung, Konzentration, Kontemplation, Ruminatio (gelassene Hingabe an das Wort Gottes durch seine Wiederholung), Schweigen und innere Stille. Die christliche Tradition kennt das vertiefte Beten, das Schweigen und das Leerwerden für die Erfahrung der Gegenwart Gottes. ‚Nur im Schweigen gelangt der Mensch vor Gott' (R. Guardini zugeschrieben) ist eine gute Übersetzung des Begriffs der Achtsamkeit in die christliche Kultur, die man mit ‚nur ganz aufmerksam und achtsam kann der Mensch Gott wahrnehmen' aktualisieren könnte. Diese spirituellen Haltungen und geistlichen Übungswege waren und sind ohne weiteres Formen der Achtsamkeit im modernen Sinn.

Zusammenfassend kann man sagen, dass Achtsamkeit aufmerksame und vorurteilslose Wahrnehmung dessen ist, was über die Sinne, die Gedanken und Gefühle in unser Bewusstsein fließt.

Achtsamkeit bedeutet, ganz bei der Sache zu sein und den Gedanken- und Gefühlsfluss so zu begleiten, dass wir weder bei den Ursachen (warum tue ich etwas oder nehme ich etwas wahr) noch bei den Zielen (wozu tue ich etwas) unserer Tätigkeiten sind, sondern nur bei der Beobachtung der Gedanken und Gefühle. Achtsamkeit hat mit der Fähigkeit zu tun, unsere Gedanken, Gefühle, Wahrnehmungen, Verhaltensimpulse und Tätigkeiten ohne Urteil und Bewertung zu beobachten und vorerst daraus keine Verhaltenskonsequenzen abzuleiten.

Obwohl Achtsamkeit an sich also einfach ist, ist es nicht leicht, achtsam zu sein. Unser Geist hat die Tendenz, ständig vorauszuschauen, zurückzudenken, alternative Handlungen auf dem inneren Schirm zu haben, viele Dinge gleichzeitig zu tun oder im Auge behalten zu wollen und das Erlebte zu bewerten.

Achtsamkeit ist die Übersetzung des Wortes „sati" aus dem Pali oder „smṛti" aus dem Sanskrit. Diese Worte beinhalten weit mehr als „Bewusstheit für den gegenwärtigen Augenblick" (vgl. Burnett, 84ff.). „Sati/ smṛti" bedeuten „weise Lebenshaltung / Weisheit". Das ursprüngliche Ziel von Achtsamkeit ist, wie gesagt, nicht Beruhigung, sondern Erkenntnis bzw. Einsicht in die inneren und wahren Prozesse des Lebens, in seine Prinzipien.

Einsicht (Vipassanā) ist die Übung, die innere Erfahrung so tief wie möglich zu beobachten, zu erforschen und zu erkunden. Dadurch soll der Übende Schritt für Schritt verstehen, wie er/sie von den Fesseln des Leidens (dukkha) befreit werden kann (Burnett, 90). Die urteilsfreie Beobachtung der inneren Erfahrung ist also nur die erste Stufe der Achtsamkeit und erschließt noch nicht ihren eigentlichen und tieferen Sinn.

Die Beruhigung des Geistes ist die Voraussetzung dafür, dass wir die inneren Prinzipien des Lebens wahrnehmen können. Aus der Wahrnehmung der Prinzipien des Lebens erwächst die besondere Erkenntnis, wie Leben zu verstehen und zu gestalten ist. Diese Erkenntnis ist es, die die Wurzeln des Leidens bewusst macht (Buddha), während die Beruhigung nur dessen momentanes Erleben schwächt, beruhigt oder, im schlimmsten Fall, narkotisiert.

Achtsamkeit kann also als Weg und Methode gesehen werden, über die Erkenntnis der Wirklichkeit zur Wahrheit zu gelangen. Aus dieser Erkenntnis erwächst die Überzeugung, dass bestimmte Einstellungen, Überzeugungen, Haltungen oder Prinzipien zu einem guten und weisen Leben führen, weil sie mit den inneren, unsichtbaren Gesetzmäßigkeiten der Wirklichkeit übereinstimmen.

Aufmerksamkeit als Vertiefung der Achtsamkeit

Im westlichen Denken kommt der Begriff der Aufmerksamkeit nahe an das heran, was wir im östlichen Denken mit Achtsamkeit beschreiben. Gleichzeitig kann Aufmerksamkeit die Praxis der Achtsamkeit unterstützen und bereichern, gerade wenn wir sie im Bereich der Spiritualität verwenden.

Die französisch-jüdische Philosophin und Mystikerin Simone Weil (1909 – 1943) hat sich sehr intensiv mit dem Phänomen und dem Training der Achtsamkeit beschäftigt. Neben dem genauen Beobachten von Dingen und Abläufen wird die Aufmerksamkeit für sie zu einem Bindeglied zwischen Alltag und Transzendenz. Aufmerksamkeit bedeutet, eine Sache mit 'seinem ganzen Selbst' zu erfassen (Kather 2ff), oder besser noch: davon erfasst zu werden. Im spirituellen Kontext wird dies als Kontemplation bezeichnet: sich „einer Sache" ganz und gar zu widmen und sich „ihr" so hinzugeben, dass nicht wir erfassen, sondern dass wir uns von etwas erfassen lassen.

Wir können diese Haltung als aktive und bewusste Passivität bezeichnen, die uns die ‚andere Seite des Lebens' oder die Transzendenz erschließen kann. Dieser Weg, mit Leben und Wirklichkeit umzugehen, muss bewusst gemacht und eingeübt werden.

Wie viele Menschen, die einen inneren oder spirituellen Schulungsweg gehen, hat auch Simone Weil die verändernde Kraft dieser aktiven Passivität erlebt: „Jedes Mal, wenn ein menschliches Wesen, selbst außerhalb jedes expliziten religiösen Glaubens, eine Anstrengung der Aufmerksamkeit leistet, mit dem einzigen Verlangen, dadurch tüchtiger zu werden zur Erfassung der Wahrheit, erwirbt es diese vermehrte Tüchtigkeit, auch wenn seine Anstrengung keine sichtbaren Früchte gezeitigt hat" (z. nach Kather 13f.).

Diese Aufmerksamkeit ist es auch, die uns von der einseitigen Außensteuerung bewahrt und uns in den Kontakt mit unserem Inneren bringt. Und die höchste Qualität dieses Kontaktes bringt uns möglicherweise, für einen Augenblick, in Berührung mit Gott (ebd. 18).

Simone Weil verwendet das Vaterunser – und zwar in der griechischen Originalsprache –, um diese Form der Aufmerksamkeit zu üben und damit Nahrung für ihr inneres Leben zu erhalten. Beachtlich ist, dass S. Weil als Jüdin dieses zentrale Gebet des Christentums verwendet, um ihren spirituellen Lebensimpuls zu unterstützen. „Seitdem habe ich mir als einzige Übung die Verpflichtung auferlegt, es (das Vaterunser) jeden Morgen einmal mit unbedingter Aufmerksamkeit zu sprechen. Wenn meine Aufmerksamkeit unter dem Sprechen abirrt oder einschläft, und sei es auch nur im allergeringsten Grade, so fange ich wieder von vorne an, bis ich einmal eine völlig reine Aufmerksamkeit erreicht habe. ... Die Kraft dieser Übung ist außerordentlich und überrascht mich jedes Mal" (ebd. 20f).

Damit beschreibt Simone Weil Achtsamkeit als Aufmerksamkeit und ergänzt sie so um den Aspekt der Erkenntnis, der dem landläufigen Konzept der Achtsamkeit abhandengekommen ist oder den es vernachlässigt.

Aus eigener Erfahrung kann Simone Weil bezeugen, dass diese Art des Betens, der Achtsamkeit oder Aufmerksamkeit „eine transzendente Energie (freisetzt), deren Quell im Himmel entspringt, die in uns einströmt, sobald wir (sie) es begehren. Dies ist wirklich eine Energie; sie vollbringt Taten vermittels unserer Seele und unseres Leibes (ebend. 22)".

Simone Weil hat sich und ihren Wachstumsprozess beobachtet und ihre Erfahrungen auch mit anderen kulturellen und religiösen Traditionen verglichen. Sie konnte feststellen, dass die übernatürliche Erkenntnis und Erfahrung die Religionsgrenzen überschreiten. Zu allen Zeiten und an allen Orten gab es Texte und Symbole, die in diese Erfahrung einführen sollten bzw. das Ergebnis solcher Erfahrungen waren. Die Texte der Ägypter und der Griechen, von Homer, Äischylos, Sophokles und Platon, der christlichen Mystiker und der Inder enthalten einen verborgenen mystischen Sinn und sind – im Hinblick darauf – in ihrer Tiefenstruktur vergleichbar (ebend.).

Das Vaterunser gehört zu den Texten der Menschheit, die aus der Erfahrung des Göttlichen geboren sind und in sie hineinführen wollen. Simone Weil hat am Vaterunser eine ganz und gar einfache spirituelle Übung entwickelt und ihre Wirksamkeit erfahren. Wer sich den Worten und Bildern des Vaterunsers mit ganzer Achtsamkeit und Aufmerksamkeit hingeben kann, wird die Kraft erfahren, die von diesen Worten oder Bildern ausgeht.

Auch wenn die Worte und Bilder, die Jesus im Vaterunser verwendet, an sich einfach sind, kommen sie doch aus einer anderen Zeit und einer Welt, die heute vielen fremd ist. Ich möchte diese Welt mit religiös oder transzendent beschreiben. Die religiöse Dimension der Wirklichkeit wird für immer mehr Menschen fremd, ungewöhnlich und unerreichbar. Wenn es diese Dimension auch gibt, so haben doch immer weniger Menschen über die Begriffe und Bilder der Religion Zugang zu ihr. Erlösung und Gnade sind z.B. zentrale Begriffe des Christentums, aber wenige verstehen, was damit gemeint ist, obwohl sie sich danach sehnen und irgendwie auch erleben, was sie bewirken.

Transzendenz meint eine vergleichbare Dimension der Wirklichkeit, wie sie die Religionen beschreiben. Der Begriff der Transzendenz, der in den spirituellen Schulen oft verwendet wird, scheint aber auch für Menschen, die keine religiöse Erziehung und Bindung haben, verständlich zu sein, weil er die unsichtbare Welt mit anderen, erfahrungsbezogenen Worten und Bildern beschreibt. Im nächsten Kapitel wird versucht, die Welt, über die das Vaterunser spricht, mit religiösen, existenziellen und spirituellen Begriffen zu beschreiben.

Kapitel II

Exegese – existenzielle Bedeutung – spirituelle Prinzipien

Im Folgenden sollen nun die einzelnen Aussagen des Vaterunsers zunächst in ihrer ursprünglichen biblischen Bedeutung dargestellt werden. Dann wird versucht, den ursprünglichen Sinn auf die gegenwärtige Lebenserfahrung zu übertragen, und schließlich soll aus jeder Vaterunser-Aussage ein spirituelles Prinzip herausgearbeitet werden. Die sich ergebenden Prinzipien sind dann die Basis für die „Übung der Achtsamkeit aus dem Geist des Vaterunsers", die im letzten Kapitel vorgestellt wird.

Die Prinzipien, die sich aus der Spiritualität des Vaterunsers ableiten lassen, sind ein alternativer Weg, das Vaterunser von innen her zu verstehen und davon berührt zu werden. Daraus ergibt sich ein Zugang zum Leben, der hilft, mit dem, was im Leben positiv oder negativ geschieht, bewusster und gelassener umzugehen. Denn auf das, was das Leben bietet, und auf die Herausforderungen, denen wir begegnen, reagieren wir immer aufgrund mehr oder weniger bewusster Einstellungen oder Haltungen. Sich von den Prinzipien, die hinter dem Vaterunser stehen, begleiten zu lassen, bietet eine alternative Möglichkeit, Achtsamkeit im Geist Jesu zu praktizieren und dadurch berührt zu werden von dem, was Jesus als die absolute Zuwendung des Göttlichen, als Abba-Erfahrung, erlebt hat.

2.1 Vater unser im Himmel

Da die Bilder bzw. Worte „Vater“ und „Himmel“ das Fundament für das ganze Vaterunser-Gebäude darstellten, sollen biblischer Hintergrund und existenzielle Bedeutung ausführlicher betrachtet werden, als dies bei den weiteren Vaterunser-Bitten der Fall sein wird.

Es ist anzunehmen, dass Jesus mit seinem Jüngerkreis in der ersten Zeit in Dörfern lebte, religiös und naturbezogen war und nicht nur zu Jerusalem, sondern auch zu den hellenistischen Städten ein kritisches Verhältnis hatte (Theissen, 1977). Dies ist als Hintergrund für das ursprüngliche Verständnis des Vaterunser-Textes wichtig. Das Vertrauen in die Güte des Vaters macht die Jünger/innen frei und unabhängig, das Leben in und mit der Natur lässt die Lebendigkeit der Wirklichkeit und die Güte des Seins eher erfahrbar werden als das Leben in den Städten. Aus dem Leben mit der Natur stammen auch sehr viele Gleichnisse Jesu.

Gott ist für Jesus vor allem Vater

Jesus nennt Gott Vater und spricht dadurch die Art seines Verhältnisses zu Gott an. Dabei verlässt er die jüdischen Glaubensvorstellungen und Gebetspraxis nicht. Trotzdem ist bezeichnend, dass Jesus Gott ausnahmslos mit Vater anspricht. Nur am Kreuz und nur bei Matthäus und Markus nennt er den Vater Gott, wenn er ruft: „Mein Gott, mein Gott, warum hast du mich verlassen!“ (Mk 15,34; Mt 27,46). Da es sich dabei aber um ein wortwörtliches Psalm-Zitat handelt und Lukas an der gleichen Stelle die Vateranrede verwendet (Lk 23,46), ist anzunehmen, dass es sich dabei um eine redaktionelle Überarbeitung durch Markus und Matthäus handelt und Jesus am Kreuz in seiner Verlassenheit Gott auch als Vater angerufen hat.

„Vater“ wird dann mit den Fürworten „mein“, „unser“, „euer“ verbunden, um Beziehungsformen und Beziehungsgruppen zu unterscheiden: Wenn Jesus sagt, „mein Vater“ (z.B. Mt 7,21; Mt 10,32.33; Mt 11,25.26.27), dann will er sein außerordentliches erfahrungsbezogenes Verhältnis zum Vater ansprechen. Wenn Jesus sagt, „euer Vater“ (z.B. Mt 5,16), will er seine besondere Position als Lehrer und Meister der Seinen hervorheben. Wenn er sagt, „unser Vater“ (Mt 6, 9), dann solidarisiert er sich mit den Seinen und stellt sich auf die Seite der anderen Menschen vor den Vater. Damit weist Jesus darauf hin, dass wir, ähnlich wie er, die Fähigkeit haben, den Vater zu erfahren. Bezeichnend aber ist trotzdem, dass Jesus nie mit seinen Jüngern gebetet hat. Damit ist ausgedrückt, dass Jesus im Gebet in einer Intimität mit dem Vater stand, die nur eine Ich-Du-Beziehung zulässt.

Das Wort „Vater" steht in der Matthäus- und Lukas-Version im Anruf-, Anredemodus (Vokativ). Es geht beim Vaterunser also nicht um eine neutrale, objekthafte Abhandlung über Gott (den Vater), sondern eben um eine Anrufung, eine Kontaktaufnahme, um die Aktivierung einer ‚Subjekt-Subjekt-Beziehung'.

Gott als Vater anzureden, ist für die Zeitgenossen Jesu nichts Neues. Vor allem die Psalmen sprechen Gott oft als Vater an: Ps 89,27 („Er wird zu mir rufen: Mein Vater bist du, mein Gott und der Fels meines Heiles"); Ps 103,13 („Gleich wie ein Vater sich erbarmt der Kinder, so erbarmt sich der Herr aller, die ihn fürchten"). Auch die prophetische Tradition kennt die Vateransprache: Jes 63,16f. („Denn du bist unser Vater; Abraham weiß ja nicht um uns, und Israel kennt uns nicht. Du bist unser Vater! Unser Erlöser seit Anbeginn ist dein Name") Jes 64,7; („Und doch, Herr, du bist unser Vater; wir sind der Ton, du bist unser Töpfer; das Werk deiner Hände sind wir alle") Jer 31,9; („In Tränen zogen sie aus, mit Tröstung geleite ich sie heim. Denn ich bin ein Vater für Israel"). Trotzdem ist es in der alttestamentlichen Gebetstradition eher unüblich, dass der Betende sich an Gott als Vater wendet (Fredrich, 254), üblicher ist „der Herr, der Höchste, der Heilige, der Allmächtige“ u.s.w.

Wenn Jesus Gott so ausschließlich „Vater“ nennt, hat dies eine weitreichende theologische und spirituelle Konsequenz. Der Gott und Vater Jesu ist nicht der Gott der menschlichen und religiösen Reflexionen und Spekulationen und der sich daraus entwickelten Lehren und Dogmen, sondern es geht um eine im konkreten Leben erfahrbare Wirklichkeit.

Um sich dem Gottesbild Jesu zu nähern, das sich in der Vateranrede und Vatererfahrung ausdrückt, lohnt ein Blick in die Gleichnisse und Verkündigungen Jesu. Hier ist dieser Vater ein sorgender, barmherziger und nicht urteilender (Lk 15,11ff.); einer, der nicht das gibt, was man verdient, sondern was man braucht (Mt 20,13ff.); der über Gerechte und Ungerechte regnen – und die Sonne über Gute und Böse scheinen lässt (Mt 5,45); alle zu seinem Festmahl (LK 14, 16-24) einlädt; jene recht spricht, die es sich nicht erwarten (LK 18,10-14); sich in besonderer Weise der Armen und Leidenden annimmt (LK 16,19-31); eine unglaubliche Geduld, auch den Arroganten gegenüber, aufbringt (Mt 21, 33-41) und das Verlorene sucht (LK 15, 4ff; 8ff).

Gott ist nicht nur der Vater Jesu, sondern auch der Jünger (Joh 12,17) und aller, die es möchten. Die konkrete, grenzenlose und nicht begründbare, ja nicht verstehbare Liebe Gottes als Vater ist radikal. Und sie ist anstößig, besonders für die, die meinen, das Handeln Gottes an den Menschen beschreiben zu können bzw. sagen zu können, welches Handeln des Menschen eine bestimmte Reaktion Gottes auslösen wird (Tun-Ergehen-Zusammenhang).

Jesus erfährt und beschreibt über sein Gottesbild / Vaterbild also eine unbegrenzt gütige, verstehende und lebensfreundliche Wirklichkeit und gleichzeitig eine, die sich der menschlichen Vorhersehbarkeit, Kontrolle und Manipulation entzieht.

Ein solches Gottesbild ist gerade für fromme und religiöse Strukturen anstößig. Wer religiös praktiziert, will sicher sein, dass dies etwas bringt. Die Frage nach der Wirkung religiösen Verhaltens ist alt: „Warum fasten wir und du siehst es nicht? Warum tun wir Buße und du merkst es nicht?“ (Jes 58, 3). Diese Frage stellt sich immer wieder. Die Urversuchung des Menschen ist, Gott durch das menschliche Handeln bewegen zu können oder zu bewirken, dass er etwas tut, was wir möchten. Die Urversuchung der Religionen ist es, Gott beschreiben zu wollen. Aus der Abba-Erfahrung Jesu erwächst die Erkenntnis, dass wir uns der Güte Gottes ganz und gar anheimstellen dürfen, ihn nicht zu manipulieren brauchen und ihm vertrauen dürfen, auch wenn wir ihn nicht verstehen und beschreiben können.

Die Grundbotschaft der ‚Vatertheologie' Jesu ist: Gott ist großzügig und unendlich barmherzig zu allen. Er weiß, was wir brauchen, deshalb braucht man ihn nicht zu erinnern oder um etwas zu bitten. Seine Beziehung zu den Menschen ist durch Frömmigkeit, Hingabe, Gebet und heilige Handlungen nicht zu beeinflussen. Die zentralen religiösen Handlungen in allen Weltreligionen – beten, fasten und Almosen geben – sind im Denken Jesu nicht dazu da, von Gott etwas zu erhalten oder ihn zu etwas zu bewegen, sondern erfahrungshaft zu erkennen, dass es dies nicht braucht und dass es auch nicht möglich ist.

Dies alles war mitzuhören und mitzufühlen beim Wort „Vater". In einer religiösen Kultur, die von vielen Vorschriften und einer religiösen Ober- und Kontrollschicht bestimmt war, ist dies der Weg zu einer neuen Gotteserfahrung und gleichzeitig ein Skandal. Die Art und Weise, wie Jesus Gott Vater nennt, war für das damalige Judentum eine Gotteslästerung und ein Grund dafür, Jesus nach dem Leben zu trachten (vgl. Joh 5,18).

Für die Jünger Jesu gehört die Vermittlung dieses besonderen Zuganges zu Gott und die Erfahrung, die sie auslöste, zum Wesentlichen der Botschaft Jesu. Es gehört zu dem, wovon die Jünger unmöglich schweigen können (Apg 4,20). Es ist eine radikal neue Möglichkeit, religiöses Leben zu verstehen und zu gestalten bzw. das Leben religiös zu erleben.

Im ganzen Vaterunser gibt es kein „ich“, sondern nur „unser“. Das Gebet Jesu fördert und fordert solidarische und gönnende Beziehung zu den Mitmenschen. Die Zuwendung und Liebe des Vaters ist kein Privileg für wenige, sondern ist für alle offen, besonders für die Schwachen, die Armen, die Frauen, die Letzten und die Sünder und vor allem für die, die mit den Gesetzen in Konflikt geraten sind.

Eigentlich ist mit diesen beiden Worten: „Unser Vater“/ „Vater unser“ das Wesen des Evangeliums ausgedrückt. Sie sind der Kern der Erfahrung Jesu, die er vorlebte und vermitteln wollte: dass Gott Vater ist, wie er das ist und dass er der Vater aller ist. Dadurch und deshalb können und müssen wir einander Brüder und Schwestern sein.

Abba: die Erlösung der Vater- und Mutterbeziehung

Bilder oder Metaphern regen die Vorstellung an und Vorstellungen erzeugen Gefühle und Energien. Wenn Jesus für Gott ausschließlich das Bild des Vaters verwendet, dann will er in den Seinen eine Gottesvorstellung erzeugen, die mit Nähe, Intimität und Fürsorge zu tun hat. Dieser Vater ist kein ferner, abstrakter Gott, den die Dogmen der Religionen beschreiben, sondern eine Wirklichkeit, eine Kraft und eine Güte, die in uns und unter uns wirken. Jesus nennt dieses erfahrungsbezogene Wissen Glauben oder Vertrauen, in das er die Seinen einführt. Glauben und Vertrauen beruhen auf der Überzeugung, dass die liebende Nähe Gottes im gewöhnlichen Alltag da ist und erfahren werden kann.

Um diese konkrete Gegenwart Gottes im Alltag auszudrücken, verwendet Jesus nicht den Gottes-, sondern den Vaterbegriff. Vater ist ein Bild, mit dem die meisten Menschen konkrete Erfahrungen verbinden, das Erinnerungen weckt und Gefühle auslöst; Gott hingegen ist ein religiöser Begriff. Die Lehren der Religionen und die Theologie beschreiben Gott als Geheimnis und als grundsätzlich verschieden vom Menschen und der Welt. Damit können sie auch verhindern, dass Gott verstehbar ist und dass man ihn erfahrungshaft erkennen kann.

Jesus spricht von Gott also nicht theoretisch, sondern er verwendet konkrete Bilder. In den Gleichnissen beschreibt er, wie sich die Vatererfahrung im Alltag konkretisiert: Gott ist ein Vater, der sich unvergleichbar väterlicher und mütterlicher als unsere Väter und unsere Mütter verhält.

In einer patriarchalischen Zeit, in der Jesus und seine Zuhörer leben, verbinden Menschen mit ihren Vätern neben der Erfahrung von Fürsorge und Schutz wohl auch Forderung, Strafe, Kontrolle und Machtausübung. Der Vater im Himmel, von dem Jesus spricht und mit dem er den Gott seiner religiösen Tradition beschreibt, ist gütig, urteilt und verurteilt nicht, gibt den Guten und den Bösen, was sie brauchen, und wendet sich den Letzten und Verlorenen zu.

In seinem Bestseller „Die Kunst des Liebens“ setzt sich Erich Fromm mit der psychologischen Funktion der Vaterrolle auseinander. Die Aufgabe des Vaters ist es, das Kind anzuregen, sich mit der Welt auseinanderzusetzen, aufzubrechen, zu schaffen und zu erzeugen (Fromm 1980, 54f.). Dies passt auch zum Gottesbild Jesu, das er in das Vaterbild kleidet. Aber Jesus fügt zum psychologischen Vaterbild noch etwas anderes hinzu: Die Vaterliebe Jesu ermutigt zum Aufbruch, zur Eigenständigkeit und Gestaltung des Lebens, ermöglicht aber auch die Heimkehr für jene, die auf dem Weg scheitern (vgl. das Gleichnis vom verlorenen Sohn – Lk 15). Im Gottesbild Jesu ist damit nicht nur die Funktion der Vaterschaft angesprochen, sondern auch die der Mutterschaft, die aufnimmt und Beheimatung schenkt, auch im und nach dem Scheitern.

Die Vater- und Mutterarchetypen prägen die Entwicklung und das Leben eines Menschen nachhaltig. C.G. Jung ist der Meinung, dass ein Mensch im Laufe seines Lebens eine persönliche Beziehung zu den archetypischen Gestalten, Gefühlen und Verhaltensmodellen herausbilden muss (Dudukh, 2016). Und wir wissen aus eigener Erfahrung und der Beobachtung an anderen Menschen, wie sich das Verhältnis zu den Eltern, unsere Einstellungen zu ihnen und ihre Einstellungen zu uns im Laufe unseres Lebens auswirken. Irgendwie sind unser Leben und Erleben vom Bild, das wir von den Eltern haben, stark beeinflusst. Wir tragen diese Einflüsse durch das ganze Leben mit, wenn wir uns damit nicht kritisch auseinandersetzen. Geben uns diese Bilder und Erlebnissen das Gefühl und das Vertrauen, dass wir aufbrechen dürfen, dass unser Gestaltungswille – auch wenn er ganz anders ist, als es die Eltern erwarten – gefördert wird? Haben wir die Sicherheit, im Hintergrund eine Heimat, eine Geborgenheit zu haben, in die wir uns zurückziehen können, wenn es nicht mehr geht oder wenn wir schon gescheitert sind?

Hier geht es nicht darum, dass wir das archetypische Ideal auf unsere Väter und Mütter übertragen und sie und uns selber dadurch überfordern und beschuldigen müssten, sondern darum, dass wir unsere unbewussten Lebensschablonen um die des Vaters und der Mutter im Himmel erweitern. Oder, um in den Begriffen der Transaktionsanalyse zu sprechen: dass wir unser Skript vom Vater und von der Mutter erweitern und überarbeiten. Dass Jesus dies im eigenen Leben realisiert hat, beschreibt Donald Capps (Jesus: A Psychological Biography) eindrücklich. Aufgrund seiner Biografie mag Jesus eine sehr schwierige Beziehung zu den Vaterfiguren seiner Zeit gehabt haben: als voreheliches Kind in seiner Familie; als außereheliches Kind vor der religiösen – ausschließlich männlichen – Autorität, die ihm aufgrund seiner Lebenssituation alle Beteiligung an religiösen Rollen und Funktionen verweigerten bzw. verweigert hätten, wenn er solche denn angestrebt hätte.

Die „Abba-Erfahrung“, die sich aus seiner spirituellen Entwicklung ergab, hat sein Vaterskript entlastet, versöhnt und überhöht. Die innere Beziehung zu „dem Vater aller Väter und der Mutter aller Mütter“ hat sein Verhältnis zu den Vätern und den Brüdern, den Müttern und den Schwestern verwandelt.

Über die Abba-Metapher ermutigt Jesus auch uns, unsere beschränkten, schwierigen oder gar belasteten Vater- und Mutterskripts zu überschreiten und dadurch neues Vertrauen in das Leben zu gewinnen. Dies ermutigt zu Aufbruch und Gestaltung in dem Wissen, dass wir immer auch scheitern und zurückkehren dürfen, ohne dabei unsere Würde und unseren Selbstwert einzubüßen.

Interessant in diesem Zusammenhang ist, dass viele spirituelle Gestalten eine konfliktreiche Beziehung zu ihrem Vater hatten (Buddha, Franziskus, Luther) und dass sie im Kontakt mit Gott oder dem Göttlichen eine Art erlöste Vaterbeziehung entwickelt haben.

Spirituelle Wege und Entwicklungen erfordern meistens die bewusste Veränderung der Beziehungen zur Ursprungsfamilie, weil wir, wenn wir nicht bewusst daran arbeiten, ein Elternbild in uns haben, das uns irgendwie hemmt, auch wenn wir lange schon von zu Hause aus- oder weggezogen sind.

Jesus bietet Zugang zu einem befreiten und befreienden Vater-/Mutterbild, zu einem Vater/einer Mutter, die tragender Grund allen Seins ist und zu Aufbruch ermutigt, der/die nicht urteilt, verurteilt und erwartet; die/der auch Scheitern und Fehler nicht aufrechnet und alles fördert, was uns frei und selbständig macht. Dies zu erfahren und als Einstellung für das Leben zu übernehmen, ist eine große Befreiung.

Himmel: die Kraft einer Welt, die sich den Sinnen verschließt

„Vater unser in den Himmeln", so steht es im griechischen Originaltext. Nur Matthäus verwendet die Mehrzahl für Himmel, Lukas schreibt nur ‚Vater' und die Didache verwendet „Himmel" in der Einzahl. „Die Himmel" haben mit der archaischen Vorstellung zu tun, dass der Himmel eine mehrfach gestufte Wirklichkeit ist.

Der oder die Himmel sind Lieblingsbegriffe der Matthäustradition. Sie spricht am häufigsten von Himmel von allen Büchern des Neuen Testamentes. Folgende Vorstellungen sind damit verbunden:

Himmel ist einerseits der Bogen über der Welt und andererseits der Ort, wo Gott wohnt.

Himmel und Erde sind das Werk Gottes und gehören zusammen (Gen1, 1f.), erst gemeinsam sind sie der Kosmos oder die Schöpfung. Durch die Sünde wurden Himmel und Erde getrennt und die Erde verletzt. Für Matthäus besteht die Bedeutung der Sendung Jesu darin, die Verbindung von Himmel und Erde wiederherzustellen und die Erde zu heilen. Deshalb ist in seinem Evangelium die Verbindung zwischen Himmel und Erde so wichtig. Gott ist im Himmel; sein Wille geschehe dort, wie auf der Erde.

Durch die Zusammenlegung der Worte ,Vater unser in den Himmeln' macht Matthäus dem Beter bewusst, dass Himmel und Erde zusammengehören. Der Himmel, wo Gott wohnt und wirkt, ist Teil der Lebenswirklichkeit, in der der Mensch lebt. Es ist der Bereich, in dem er den Vater ansprechen kann. D.h. die verhängnisvolle Trennung zwischen Sichtbarkeit und Unsichtbarkeit, Immanenz und Transzendenz, Zeit und Zeitlosigkeit, Ort und Ortlosigkeit, die wir durch unsere Geisteshaltung erzeugen, ist in dieser Anrufung aufgehoben.

Himmel und Erde zu trennen ist eine ständige Versuchung. Den Himmel aus dem Hier und Jetzt in ein Dort und Dann zu projizieren, ist eine Grundgefahr der menschlichen Wahrnehmung: Jetzt gibt es nur den Himmel, den wir jetzt wahrnehmen. Der Himmel „dort und dann" ist nur eine Fantasie; es wird ihn geben, aber das ist nicht der, von dem das Vaterunser spricht.

Im Anruf ,Vater in den Himmeln' geht es nicht nur um den Vater, sondern auch um den Bereich, den er geschaffen hat, vertritt und darstellt. Der ganze Kosmos ist mitgemeint, wenn der Jünger, die Jüngerin, zum Vater (in den Himmeln) betet. Im Anruf wird der ganze Kosmos, alles, was geschaffen ist, mitgemeint.

Himmel steht aber auch für eine Einstellung zur Wirklichkeit. Himmel spricht die Wirklichkeit an, die wir mit unseren Sinnen nicht erfassen können, die aber dennoch da ist und wirkt. Himmel ist auch der Teil der Wirklichkeit, der der technischen Kontrolle und Manipulation entzogen ist, dessen Botschaft aber dennoch in unsere Welt strahlt. Und schließlich ist Himmel das, was jenseits von Raum und Zeit steht, worin alles seinen Ursprung hat und alles vollendet wird.

Himmel: Leben, das in die Weite und in die Freiheit führt

„Am Anfang schuf Gott Himmel und Erde." (Gen 1,1). Dies ist der erste Satz der Bibel, der erste Akt der Schöpfung. Der Himmel ist die Wirklichkeit, die Gott schafft, um seinen Plan in Zeit und Raum zu stellen. Himmel und Erde sind aus Gleichem entstanden und sind aufeinander bezogen, wie Meer und Land, Tag und Nacht.

Himmel ist eine religiös existentielle Metapher für Ursprung und Vollendung. Vom Himmel geht alles aus. Er ist der Ort, die Wirklichkeit, der Zustand aller Möglichkeiten und gleichzeitig die höchste Entwicklung, das Ziel von allem. Die Erde ist das Bild für die Konkretisierung, aber auch für die Beschränkungen der himmlischen Wirklichkeiten. Der Himmel enthält alle Möglichkeiten, als Erde erhalten diese Möglichkeiten Gestalt und damit Begrenzung. Im Kontakt zum Himmel wird die Begrenzung des Irdischen erweitert, geöffnet, aufgelöst. In der Wahrnehmung des Himmels werden wir an den Ausgangspunkt und an das Ziel unseres Lebens erinnert. Die Aufgabe des Lebens ist die Verwirklichung des Himmels unter irdischen Bedingungen.

Irgendwie hat die säkularisierte Kultur den Himmel weggewischt aus dem Leben der Menschen. Der Mensch scheint Erfüllung und Glück, das, wofür der Himmel steht, in dem zu suchen, was er schaffen und (sich) leisten kann. Das ist eine Art Narzissmus: Der Mensch hat sich in sich selbst verliebt und ist im eigenen Spiegelbild gefangen. Der Himmel, als Verwirklichung einer großen Ausrichtung, ist deshalb ein wichtiges Bild für die existenzielle Entfaltung des Menschen, für die Auflösung der narzisstischen Bindungen und Kränkungen.

Sigmund Freud nennt drei große Kränkungen, die in der Entwicklung des menschlichen Bewusstseins zum Narzissmus führen können: die kosmologische Kränkung (die Erde ist nicht der Mittelpunkt des Weltalls); die biologische Kränkung (der Mensch ist aus dem Tierreich hervorgegangen) und die psychologische Kränkung (das Ich ist nicht Herr im eigenen Haus).

Diese Kränkungen sind, meines Erachtens, auch der modernen, säkularisierten Weltanschauung von einer Erde ohne Himmel entwachsen. Wenn Himmel, Kosmos und Erde zusammengehören, dann muss nicht die Erde der Mittelpunkt von allem sein. Es genügt wohl, dazugehören zu dürfen. Gleiches gilt für die biologische Kränkung. Wenn es auch hier nicht um Herrschaft, sondern um Zusammengehörigkeit und Integration auf einer höheren Ebene geht, mag die Kränkung aufgehoben werden. Schließlich ist es auch mit der psychologischen Kränkung ähnlich: Nur ein vom Ganzen (einer Erde, zu der auch der Himmel gehört) abgeschnittenes Bewusstsein kann auf die Idee kommen, das eigene Leben und das Leben der Menschen, mit denen es lebt, kontrollieren zu müssen. Ein entwickeltes Bewusstsein, das im weitesten Sinn auch den Himmel nicht ausschließt oder verdrängt, wirkt diesen Kränkungen entgegen oder löst sie auf.

Dabei ist der Himmel nicht etwas Fernes und Unzugängliches. Nein, ‚Der Himmel ist in dir und suchest du ihn anderswo, du fehlst ihn für und für'. Diese Aussage des deutschen Mystikers Angelus Silesius würden die Mystiker aller Weltreligionen unterschreiben. Den Himmel können wir nur in uns finden: nicht in Tempeln, nicht in Schriften, nicht mit Gurus. Aber auch nicht in den Dingen, die wir uns kaufen können, noch ist der Himmel das Ergebnis moralischer Leistungen. Der Himmel ist schon in dem zu finden, was hier und jetzt ist und möglich ist.

Abba: die Güte des Seins in allem was ist

Vater ist die Gottesbezeichnung Jesu, die in seiner außerordentlichen Erfahrung mit Gott begründet ist. Gott steht für den Ursprung und das Ziel allen Lebens, für die Kraft, aus der alles entstanden ist und die alles begleitet. Diesen Ursprung, dieses Ziel und diese Kraft nennt Jesus Abba und er bezeugt, dass sie uns wie ein Vater und eine Mutter zugewandt sind. Das ist die glaubende und vertrauende Basis des Lebensweges Jesu.

Das Bild von Gott als wirklichem Vater / wirklicher Mutter ist in der Gotteserfahrung Jesu entstanden und hat seine Wurzeln in er jüdischen Frömmigkeit. Es ist religionsgeschichtlich und religionspsychologisch durchaus eine Alternativ zu den Bildern von einem anonymen, herrschenden oder strafenden Gott, die zur Zeit Jesu vorherrschten, und die es immer noch gibt. Jesus macht die Erfahrung, dass das unbedingte Vertrauen in die bedingungslose Liebe Gottes zum Menschen das Leben bestimmt. Dieses Vertrauensverhältnis öffnet das Tor zu einer Sicherheit und zu einer Weite, die nicht von den äußeren Bedingungen des Lebens abhängig, sondern in einer inneren Verankerung begründet sind.

‚Unser Vater' drückt Freiheit und Öffnung aus. Die Beziehung zu diesem Vater und dieser Mutter ist nicht etwas Enges, Symbiotisches, Privates, sondern macht weit, weil sie mit allen Kreaturen und der ganzen Schöpfung verbindet, das meint das ‚unser'. Menschliche Beziehungen haben oft etwas Ausschließendes, Einengendes, Bindendes. Die Beziehung zum Abba schließt alle und alles ein und macht frei.

Die Gleichnisse Jesu offenbaren die Erfahrung Jesu, dass die Liebe und Güte Abbas in der ganzen Wirklichkeit, im Sein an sich, enthalten ist und wirkt. Die Anrede des Vaterunsers lädt uns ein, uns der Güte in allem Sein und in allen Lebenssituationen zu öffnen.

2.2. Geheiligt werde dein Name

„Geheiligt werde dein Name“, ist die erste Bitte im Vaterunser. Diese und die zwei folgenden Bitten formuliert das griechische Original im Aorist, Imperativ, passiv. Diese Verbform gibt es in den modernen Sprachen nicht, wir finden sie nur im Griechischen und im Sanskrit. Das macht die Deutung schwierig. Die Verwendung des Aorist bietet aber für den Rückschluss auf die ursprüngliche Bedeutung interessante Informationen. Er beschreibt oft eine abgeschlossene Handlung, die eine andere voraussetzt: Z.B. setzt finden suchen voraus, sehen setzt schauen voraus, erkennen ist das Ergebnis vom Streben nach Erkenntnis. Der Aorist ist auch eine beliebte Form des Erzählens und deutet an, dass sich das Erzählte im Erzählen ereignet. Mit der Verwendung des Aorist wird also angedeutet, dass der jeweilige Vaterunser-Vers nicht als Bitte zu verstehen ist, sondern dass sich das Angesprochene im Aussprechen ereignet, präsent und bewusst wird.

In den modernen Sprachen wird der Aorist oft mit der Wunschform des Optativ wiedergegeben[1]: dein Name werde / soll geheiligt werden. Dies trifft die innere Dimension der Bitte nicht ganz bzw. verleitet dazu, sie falsch zu verstehen. Während der Optativ

[1] Der Optativ würde dem antiken Begrüßungsritual und den Brieferöffnungen entsprechen. Groß, mächtig und gütig bist du, möge sich deine Herrschaft über alle Reiche ausbreiten.

etwas ausdrückt, wovon man nicht weiß, ob es sich wirklich einstellen wird, nimmt der Aorist an, dass es wirklich jetzt geschieht oder geschehen ist. Es ist anzunehmen, dass Jesus dieses Geschehen im Hier und Jetzt gemeint hat und dass die Übersetzer des Vaterunsers vom Aramäischen in das Griechische die Verbform des Aorist verwendet haben, um dies auszudrücken. Wie aber können wir die ursprüngliche Intention Jesu heute verstehen?

Das Zeugnis der Barmherzigkeit und Liebe Gottes

Im Laufe der Zeit hat man das, was Jesus mit ‚geheiligt werde dein Name' gemeint haben könnte, verschieden gedeutet:

1) Der von Gott erschaffene und berufene Mensch hat den Auftrag, den Namen Gottes bekanntzumachen und zu heiligen. Der Wunsch und die Bitte des Beters ist, dass dies durch ihn und in ihm (im Menschen) geschehen möge. Diese Deutung unterstützen Augustinus und Martin Luther. Das heißt, die Bitte „Geheiligt werde dein Name" bedeutet, der Name Gottes möge durch die Menschen geheiligt werden.

2) Bibeltheologisch wird davon ausgegangen, dass die Heiligung des Namens Gottes schlussendlich und grundsätzlich nur Gott zukommt und dass ‚er' sich dafür einsetzen wird. Für diese Position

stehen einige Stellen aus dem Alten Testament, wo es vor allem darum geht, dass Gott seinen Namen durch sein Volk bekanntmachen und heiligen will: Ezechiel 36,22f; Jes 29,22ff und Numeri 20,1-13.

Die zentrale Botschaft dieser Texte ist, dass das Volk Gottes dazu berufen ist, Träger und Verkünder des Namens Gottes zu sein. Wann immer es dieser Aufgabe und Berufung nicht gerecht wird, schändet es Gottes Name und Gott bestraft sein Volk; nicht um der Strafe willen, sondern damit der Name Gottes, der Barmherzigkeit bedeutet und bewirken soll, durch sein Volk zum Ausdruck kommt. Die biblische Überzeugung ist also, dass Gott seinen Namen selbst heiligt und dass dadurch Mensch und Schöpfung heil werden.

Der Mensch heiligt Gottes Namen, wenn er das Wesen Gottes – seine Barmherzigkeit – durch sein Verhalten bezeugt. Diese Barmherzigkeit und Zuwendung spricht aus den Gleichnissen, die zur Verkündigung Jesu gehört haben.

Das Wort „heiligen“ kommt bei Matthäus nur dreimal vor: im Vaterunser und in der Streitrede gegen die Schriftgelehrten und die Pharisäer. Dort steht es im Zusammenhang mit der Tatsache, dass Tempel und Altar die Gaben heiligen und nicht umgekehrt: Nicht das Gold heiligt den Tempel, sondern der Tempel das Gold; nicht die Gaben heiligen den Altar, sondern der Altar die Gaben (Mat 23,17f.).

Diese Bitte ist eine Verdichtung des Anspruches und der Verheißung JHWH an sein Volk: Seid heilig, denn ich, der Herr, euer Gott, bin heilig (Lev 19,2). Das Volk / die Jünger sind berufen, das Wesen Gottes, seine Barmherzigkeit und seine Liebe zu bezeugen. Es geht also bei der Heiligung des Namens Gottes nicht um eine kultische Aufgabe oder Vorgabe, sondern um eine kommunikative und soziale. Indem der Mensch sich barmherzig verhält, sich selbst, den andern Menschen und der Schöpfung gegenüber, macht er das Wesen Gottes bekannt und heiligt dadurch Gottes Namen.

Die Kraft des Sabbat: Raum und Zeit für das Heilige

In der Bitte „Geheiligt werde dein Name“, geht es also nicht darum, dass wir etwas erbitten oder tun müssen. Es geht vielmehr darum, dass wir im Hier und Jetzt des Daseins Gottes gewahr werden und ihm Raum geben. Indem wir ganz da sind, werden wir von ihm berührt und geheiligt.

Religionsgeschichtlich hat heilig und heiligen auch mit Unterscheidung bzw. Abtrennung des Sakralen vom Profanen zu tun. Die heiligen Orte waren unterschiedene, abgesonderte Räume. Sie unterstützen den Menschen darin, vor Gott vom Alltag mit all seinen Ansprüchen und Belastungen Abstand zu gewinnen. Heilige Orte und heilige Zeiten ermöglichen so örtliche und zeitliche Entlastungen, Sabbaterfahrungen.

So reserviert und öffnet das „Heiligen" (hagiazein – kadosch) Raum und Zeit für die Wirkmächtigkeit Gottes im Herzen und Leben der Menschen. Dies ist auch der spirituelle Sinn des Sabbat: sich zu heiligen, indem man sich dem Wirken Gottes aussetzt. Dazu braucht es Ruhe und das Unterbrechen der Hektik des Alltags. Das Neue und Radikale der Praxis Jesu ist aber, dass die Wirkung des Göttlichen nicht mehr an heilige Orte (Tempel), Personen (Priester) und Riten gebunden ist, sondern im Herzen der Menschen geschieht, wenn er ganz vor und für Gott da ist.

„Unsere Väter haben auf diesem Berge angebetet, und ihr sagt, in Jerusalem sei die Stätte, wo man anbeten soll. Jesus spricht zu ihr: Glaube mir, Frau, es kommt die Zeit, dass ihr weder auf diesem Berge noch in Jerusalem den Vater anbeten werdet. Aber es kommt die Stunde und ist schon jetzt, dass die wahren Anbeter den Vater anbeten werden im Geist und in der Wahrheit; denn auch der Vater will solche Anbeter haben. Gott ist Geist, und die ihn anbeten, die müssen ihn im Geist und in der Wahrheit anbeten." (Joh 4, 20-24).

In der heiligen (getrennten) Zeit, am heiligen Ort muss oder darf der Mensch sich ganz läutern von Vorstellungen, Bedürfnissen, Bitten und

Erwartungen. In diesem Loslassen ist auch die (zeitweise) Distanz von den Sorgen, vom inneren und äußeren Getriebensein mitgemeint. Nur im Abstand, in der Leere von allem, was uns besorgt oder was wir meinen sein, haben und tun zu müssen, kann der Mensch dem Geheimnis Gottes begegnen, von ihm berührt und dadurch geheiligt und heil werden.

„Der Mensch lasse die Bilder der Dinge ganz und gar fahren und mache und halte seinen Tempel leer. Denn wäre der Tempel entleert, und wären die Fantasien, die den Tempel besetzt halten, draußen, so könntest du ein Gotteshaus werden, und nicht eher, was du auch tust. Und so hättest du den Frieden deines Herzens und Freude, und dich störte nichts mehr von dem, was dich jetzt ständig stört, dich bedrückt und dich leiden lässt." (Johannes Tauler, 1300 – 1361).

Wenn der Mensch für eine Zeit leer und offen ist, kann Gott ihm begegnen und ihn heiligen. In dieser Leere teilt Gott seine Heiligkeit mit dem Menschen. Stille und Leere sind in Ost und West die Zustände, in denen das Göttliche dem Menschen begegnen kann.

„Das östliche Schweigen ist nicht das Schweigen der Wüste, die alles Lebens bar ist … Es ist das Schweigen des ewigen Abgrunds, in welchem alle Gegensätze und Bedingungen begraben sind; es ist das Schweigen Gottes, der tief versunken in der

Betrachtung seiner vergangenen, gegenwärtigen und zukünftigen Werke stumm thront in vollkommener Einheit und Allheit." (C.G. Jung, Die große Befreiung 46).

Psychologisch und spirituell heiligen wir den Namen Gottes, wenn wir vor ihm alle Erwartungen, alles Bitten, alle Ängste und Sorgen, alles Planen und Hoffen ab- oder ausschalten. Nur dann sind wir ganz und gar bei uns und bei Gott. Oft gelingt dies für einen Augenblick. Besser müssen wir wohl sagen: Oft geschieht es für einen Augenblick oder wird für einen Augenblick geschenkt. Denn alles Wollen muss ja ausgeschaltet sein, im Wollen begegnen wir nur uns selber. Das Beten von ‚geheiligt werde dein Name' will daran erinnern, dass wir das Erleben bzw. das berührt Werden vom Sein Gottes nicht mit unseren Sorgen, Vorstellungen und Wünschen und mit unserer Verhaftung in der Enge der Egozentrik verstellen (S. Weil).

Die Bitte „Geheiligt werde dein Name" ist also mit dem Prinzip des Leerwerdens in der Gegenwart seines Namens, seines Daseins und seines Wirkens verbunden. Wir dürfen uns der Anwesenheit und der Kraft des Göttlichen bewusstwerden und sie annehmen, ohne dass wir sie verstehen können.

„Heiligen" ist in der gegenwärtigen Mentalität ein ungewöhnliches Wort. Es meint, etwas in den Mittelpunkt stellen, etwas achten, ihm die volle Aufmerksamkeit schenken und letztendlich, sich an etwas hinzugeben. Hingabe ist eine zentrale Fähigkeit gereiften Menschseins. Sich hingeben bedeutet, von sich absehen zu können, nicht im Mittelpunkt sein zu müssen. Es bedeutet, für etwas anderes oder jemand anderen ganz da sein zu können, leer von sich und der Sorge um sich selber sein zu können. Wenn wir das Dasein einer Mutter für ihr Neugeborenes betrachten, haben wir ein Bild für dieses Geben, Dasein und Leersein. Den Namen Gottes heiligen, das ist dann: ganz für ihn da sein, sich auf ihn konzentrieren und sich selbst loslassen können.

Hingabe und sich geben ist auch das Gegenteil von nehmen, sich nehmen, für sich nehmen, sich absichern wollen. Es ist das Gegenteil der Gier, welche in der buddhistischen Psychologie eines der drei Gifte des spirituellen Lebens darstellt. Simone Weil meint, dass der Urfall des Menschen unter anderem oder vor allem darin bestand, dass er sich nehmen wollte, was ihm nicht zustand.

Hingabe, sich geben und schenken können, ist ein zentrales Prinzip, eine Voraussetzung für die Beziehung zu Gott und den Mitmenschen. Wer (sich) nicht geben bzw. lassen kann, ist im Leben eingeschränkt, weil er / sie alles nur aus der eigenen Perspektive wahrnimmt.

Gott erwartet diese Hingabe nicht, weil er das braucht, sondern weil der Mensch dadurch frei wird. Sich nach jemanden auszurichten, der ganz und gar frei ist, macht auch den Menschen frei. Das ist die große Verheißung, die mit der Heiligung des Namens Gottes verbunden ist.

Wenn wir an die Heiligung des Namens Gottes denken, stellen wir uns vielleicht vor, dass wir etwas tun müssten: beten, Gutes tun, wallfahren, spenden. Dem ist aber nicht so. Heiligen bedeutet ‚nur' Raum und Zeit für Gott zu schaffen und uns in dieser Zeit und in diesem Raum ganz achtsam und aufmerksam auf Gott auszurichten.

Die Heiligung des Namens Gottes führt uns also aus uns heraus, macht uns frei und schenkt uns eine Zeit, in der wir uns nicht mit uns selbst befassen. Wir stellen Arbeit und Planung zurück und stellen uns mit allem, was wir sind, vor Gott, den guten Vater, die gute Mutter. Das macht nicht nur frei, sondern ist Freiheit, Freizeit, Sabbat.

Sabbat ist Abstand vom Tun und den eigenen Plänen, es ist Zeit der Erholung und Neuwerdung – auch wenn es nur einige Minuten sind. Diese kleinen Sabbate lassen uns aufatmen und zeigen uns, dass nicht alles von uns abhängt. Durch diese Erholung erhalten wir eine neue Perspektive auf das Leben und werden ruhig und schöpferisch: Das ist die

Urverheißung des Sabbats und des Leerwerdens in den östlichen Traditionen.

2.3 Dein Reich komme

Im griechischen Urtext steht das Verb vor dem Subjekt: „Es komme dein Reich." Damit wird dem Kommen eine besondere Bedeutung zugemessen, es wird als etwas beschrieben, das vom Kommen bestimmt ist. Auch hier wird wieder der Aorist verwendet, um zum Ausdruck zu bringen, dass dieses Kommen im Sprechen geschieht und sich auch unabhängig davon immer ereignet bzw. schon da ist. Da der Aorist ein Ereignis beschreibt, das ein anderes voraussetzt oder das schon da ist, müsste man ‚dein Reich komme' mit ‚dein Reich ist (schon) da, ist schon gekommen, ist hier und jetzt' erklären. Im Aussprechen drückt sich die Sehnsucht nach dem Reich Gottes und die Bereitschaft, es aufzunehmen, aus.

Gottes Reich und sein Wirken herbeisehnen

Reich– ‚basileia' – hat im Neuen Testament zwei Bedeutungen: eine statische, dann ist damit das Königreich als Territorium gemeint, und eine dynamische, dann ist die Herrschaft, das Leiten und

Regieren gemeint. Hier ist natürlich die zweite Bedeutung angesprochen. Denn Gottes Wirken ist weder an ein Territorium gebunden noch über irdische Maßstäbe messbar: ‚Mein Königreich ist nicht von dieser Welt‘ (Joh, 19,36).

Die Herrschaft Gottes realisiert die göttliche Vorstellung von der Welt, angefangen mit der Erschaffung der Welt bis zu ihrem Ende oder ihrer Vollendung. Der Einfluss Gottes ist also ein dynamischer Prozess, der einerseits jenseits der Geschichte verankert ist, sich aber real in der Geschichte, in der Gegenwart und in der Zukunft der Menschen vollzieht.

Der Mensch und die Schöpfung sind Wirkungsbereich und Ziel der Herrschaft Gottes. Dabei ist das Wirken Gottes konkret und nicht abstrakt, auch wenn es nur in Gleichnissen beschrieben werden kann. D.h., die Auswirkung der Herrschaft Gottes ist sichtbar, die Beschreibung ist bildhaft: ‚Das Reich Gottes ist wie ...‘ Der Mensch kann die Inhalte, die Kraft und das Ziel dieser Wirkmächtigkeit Gottes nicht bestimmen, er kann sie nur herbeisehnen, sich für sie öffnen und sich in ihren Dienst stellen. Auch das ist Inhalt und das Ziel dieser Bitte.

Wieder wird sichtbar, dass diese Vaterunser-Bitte eine Verdichtung alttestamentlichen Denkens, Hoffens und Fühlens ist. Das Bild ‚Herrschaft Gottes‘ ist ein Denk- und Glaubensmuster, ein religiöser Mythos, der den Lesern des Matthäus durchaus bekannt war. Für die Generationen, die später kamen, und für die heutigen Leser ist die Bitte wie eine Zusammenfassung eines biblischen Überlieferungsstranges.

Was hat diese Bitte für die Hörer Jesu und für die Leser des Matthäusevangeliums gemeint? Das Himmelreich – die Herrschaft Gottes – wird von Johannes dem Täufer angekündigt und mit Jesus in Verbindung gebracht (Matthäus 3, 1-3) und es wird konkret sichtbar in dem, was durch Jesus geschieht: Blinde sehen, Gelähmte gehen und Aussätzige werden gesund (vgl. Matthäus 11,2-6). Mit der körperlichen Heilung geht die seelische Heilung bzw. die Vergebung einher (Matthäus 9, 1-3).

Die Herrschaft der Himmel ändert die soziale und moralische Ordnung, alle – Gute und Böse – sind zur königlichen Hochzeit eingeladen (Matthäus 22, 8-10).

Das Reich der Himmel bringt also eine körperliche, eine seelische und eine soziale Umgestaltung und Neuordnung zum Ausdruck. In dem, was Jesus getan hat, haben Menschen diese Neugestaltung der Welt erlebt.

In der Sehnsucht nach dem Kommenden leben

Wieder ist zu berücksichtigen, dass die Bitte um das Kommen des Reiches Gottes nicht eigentlich eine

Bitte ist, denn das Reich Gottes ist schon da. Es geht auch hier wieder darum, dass wir uns dessen bewusst werden und es wagen, nach den Bedingungen des Reiches Gottes zu leben. Dadurch wird das Reich Gottes für uns und die Menschen, die mit uns leben, erfahrbar.

Aus Lehre und Gleichnissen Jesu können wir ableiten, wie Gottes Reich ausschaut und funktioniert: es ist ein Organisationsmodell, bei dem nicht Einfluss, Macht und Kontrolle im Mittelpunkt stehen, sondern Güte, Großzügigkeit, Dienst und Vertrauen. Der Gegenwart und Herrschaft Gottes zu vertrauen, bedeutet, immer mehr Teile des eigenen Lebens dieser Wirklichkeit anzuvertrauen und nach ihren Gesetzmäßigkeiten oder Prinzipien zu leben.

Das Gegenteil dieser Lebensweise ist, wenn wir uns als Einzelne, als Gemeinschaften, Kulturen und Nationen auf die eigenen Interessen und Bedürfnisse konzentrieren, ‚unser Reich‘ schaffen und dieses vor dem Zugriff anderer schützen. Diese Haltungen haben ihre Wurzeln in Angst, Intoleranz, Gier, Stolz, Blindheit und Täuschung, womit im Buddhismus die ‚Gifte des Geistes‘ bezeichnet werden. Die Auswirkungen sind auf individueller Ebene der Egoismus und auf kollektiver Ebene unsere ungerechten Wirtschafts- und Verteidigungssysteme. Und wir können beobachten, dass diese für eine Minderheit materiellen Wohlstand liefern, aber keinen wirklichen Wohlstand für alle. Leben aus der Sicht und im Hinblick auf das Reich Gottes heißt, nicht festhalten, sondern loslassen, weil wir wissen, dass das, was wir für das Leben brauchen, immer wieder neu entsteht.

Dies bedeutet nicht, dass man nichts haben darf, sondern dass man von dem, was man hat, nicht besetzt wird und von dem, was man gerne hätte, nicht getrieben wird. Es heißt nicht, keine gesellschaftlichen Rollen einzunehmen, sondern sich nicht mit ihnen zu identifizieren und verbissen an ihnen festzuhalten; es heißt nicht, sich nicht zu engagieren und für etwas einzusetzen, sondern nicht dem Aktivismus zu verfallen.

Der Wunsch, festzuhalten und zu horten, entspringt unserer Vorstellung, die Welt und unser Leben kontrollieren und steuern zu können und dass wir, um gut und sicher leben zu können, möglichst viel haben müssen. Das ist ein Missverständnis, das uns unser Ich vorgaukelt und wovon uns das Wissen um eine Ordnung der Welt, die von Gott kommt, befreien kann.

„Wenn wir uns vom Missverständnis des Selbst (im Sinn von Ego und Egoismus) befreit haben, so müssen wir unsere innerste, reine und göttliche Weisheit aufwecken. Sie ist das göttliche Licht, der innere Himmel, der Schlüssel zu allen Schätzen des Gemütes, der Mittelpunkt von Denken und Bewusstsein, die Quelle von Einfluss und Macht, der Sitz der Güte, der Gerechtigkeit, des Mitfühlens, des Maßes aller Dinge. Wenn dieses innerste Wissen völlig erwacht ist, so sind wir imstande zu verstehen, … dass das Leben kein Meer von Geburt, Krankheit, Alter und Tod, auch nicht ein Tal der Tränen ist … Wir sind nicht mehr gestört von Zorn und Hass, nicht mehr verwundet von Neid und Ehrgeiz, nicht mehr gekränkt von Sorge und Kummer und nicht mehr überwältigt von Traurigkeit und Verzweiflung." (Nukariya, zit. n. Suzuki, 10f.).

In diesem Text werden die Auswirkungen von psychologischer und spiritueller Enge und Befreiung gleichzeitig beschrieben. Wenn wir uns vom Missverständnis über das Funktionieren der Wirklichkeit befreit haben, erkennen wir, dass wir von dem leben, was grundsätzlich schon da ist, jeden Augenblick entsteht und wächst. Die Aufmerksamkeit für die Dynamik des Entstehens hat mit der Fähigkeit zu tun, sich nach etwas zu sehnen und darauf warten zu können. Die Haltung oder das Prinzip des Wartens stellt sich dem immer mehr und immer schneller entgegen.

„Wir kommen erst dann ins Dasein, wenn wir uns in kontemplativer Aufmerksamkeit für das Kommende öffnen. Das geschieht, wenn unser ganzes Sein zu einem Schrei nach Gottes Gabe und Gottes kommen wird" (S. Weil, zit nach Blommestijn, 187).

Dieses aktive Warten (können) beschreibt Simone Weil als eine zentrale Fähigkeit, die der Mensch lernen muss. Deshalb enthält die Bitte ‚dein Reich komme' eigentlich dieses sehnsuchtsvolle und gleichzeitig geduldige Warten, das die paradoxe Voraussetzung dafür ist, dass das Reich Gottes mitten im Leben aufstrahlen kann.

Das Kommen des Reiches Gottes geschieht in jedem Augenblick, an jedem Tag, in allem Leben. Diese Bewegung zu erkennen, ist Erlösung vom Druck, sich das Leben selber sichern zu müssen.

Auf Gott und seine Gabe(n) warten (können)

Das Reich Gottes ist in der Erfahrung und Verkündigung Jesu nicht etwas, was nach dem Ende der Welt kommt, sondern etwas, was schon da ist: mitten unter uns und in uns. Aber es ist eben auch etwas, was nicht unmittelbar da ist und noch weniger etwas, worüber man verfügen kann. Man kann es auch nicht machen und man kann es sich nicht verdienen oder erarbeiten. Es wird geschenkt und wirkt in sich. Erwarten und warten, uns dem Wirken des Reiches Gottes aussetzen, ist wahrscheinlich das Einzige, was wir für das Kommen des Reiches Gottes tun können. Warten in diesem Sinn ist aber nicht Passivität, sondern hat mit Aufmerksamkeit, Wachsamkeit, Ausrichtung und Hoffnung zu tun.

Dieses besondere Warten drückt gleichzeitig Sehnsucht und Geduld aus. Die Sehnsucht ist die

Kraft des Herzens, die weiß, dass Leben und Welt nicht vollkommen sind und erst durch das immer neue Kommen und Wirken Gottes in der Welt wachsen kann. Geduld ist die Haltung, die wir gegenüber dem Geheimnis des Kommens einnehmen müssen: Wir können nichts erzwingen: Im Gegenteil, das, was wir erzwingen möchten, entzieht sich. Warten in diesem Sinn ist ein zentrales Prinzip des spirituellen Lebens.

Diese Sehnsucht und der Hunger nach dem Reich Gottes, verbunden mit der Bereitschaft zu warten und es sich schenken zu lassen, verbindet alle spirituellen Traditionen. In der christlichen gegenstandslosen Kontemplation wie im Zen geht es darum, unsere Erwartungen und Gedanken zu beruhigen, und unsere Sehnsucht, auf das zu richten, was sich ereignet; was sich ergibt, sich uns erschließt, uns geschenkt wird. Und genau dieses Prinzip öffnet uns für die Wahrnehmung und Verwirklichung des Göttlichen, des Reiches Gottes.

In diesem Sinn ist das sehnsuchtsvolle und geduldige Warten auf das Reich Gottes wesentlich mit der Aussage ‚dein Reich komme‘ verbunden. Damit ist gleichzeitig auch eine Alternative zur modernen Kultur des Machens, der Hetze und des „alles – und zwar jetzt“ ausgedrückt.

2.4 Dein Wille geschehe, wie im Himmel, so auf Erden

Diese Bitte ist wieder als Aorist, Imperativ, passiv verfasst. Das Griechischen Original müsste mit „dein Wille verwirklicht sich“ übersetzt werden.

Interessant ist wieder die Verbindung Himmel – Erde. Dabei ist Himmel nicht mehr plural, wie bei der Anrede (Vater in den Himmeln), sondern Singular. Ziemlich eindeutig dürfte sein, dass hier mit Himmel nicht der kosmische Himmel gemeint ist, sondern jene Wirklichkeit, die von Gott ganz und gar bestimmt ist.

Subjekt des Geschehens ist Gott. Der Wille Gottes ist nicht vergleichbar mit dem menschlichen Willen oder mit dem Wollen weltlicher Autoritäten. Er hat damit zu tun, dass sich alles, was ist und geschaffen ist, im Sinne Gottes vollenden wird.

Was mag also das Novum und das Ziel dieser Bitte sein? Beten heißt in der Theologie und in der Praxis Jesu, sich dem großen Willen und Werk Gottes anheimzustellen. Dies erfordert nicht, dass wir unsere persönlichen Wünsche, Sorgen und Ängste, bzw. das, was wir wollen und nichtwollen, aufgeben müssen. Wir dürfen es dem großen Willen und Werk Gottes anheimgeben, anvertrauen. Im Horizont der Abba-Theologie sind unser Wollen, unsere Sehnsüchte und Sorgen liebend aufgehoben. Der Vater nimmt auch unsere Bitten ganz ernst: „Ist ein

Mensch unter euch, der seinem Sohn, wenn er ihn bittet um Brot, einen Stein biete? Oder der ihm, wenn er ihn bittet um einen Fisch, eine Schlange biete?" (Mt 7,9f). „Wenn nun ihr, die ihr doch böse seid, dennoch euren Kindern gute Gaben zu geben wisst, wie viel mehr wird euer Vater im Himmel Gutes geben denen, die ihn bitten!" (Mt 7,11).

Darum zu bitten, dass der Wille Gottes im Himmel und auf der Erde geschehe, schließt unsere Bitten also nicht aus: „Bittet, so wird euch gegeben; suchet, so werdet ihr finden; klopfet an, so wird euch aufgetan; wer bittet, der empfängt; wer sucht, der findet; und wer anklopft, dem wird aufgetan." (Mt, 7,7f). Der Jünger, die Jüngerin Jesu brauchen also auf die eigenen Wünsche und Bitten nicht zu verzichten, oder sich – die eigenen Lebensimpulse und Sehnsüchte unterdrückend – unter den Willen Gottes stellen; im Gegenteil: Nachfolge und Interpretation des Lebensweges im Geist des Vaterunsers heißt, die authentischen Lebenspläne und Fähigkeiten als Teil des göttlichen Werkes zu verstehen.

Das Wohl und die Vollendung der Schöpfung

Der Wille des Vaters, wie ihn Jesus verkündet und vorgelebt hat, fördert und fordert solidarische und gönnende Beziehungen unter den Menschen. Die Wertschätzung des Persönlichen, des Verdrängten und Verlorenen. Das ist es gewesen, was die Botschaft Jesu so anziehend, so persönlich, so menschlich und so gefährlich gemacht hat: dass das Individuelle, Persönliche, Einmalige Teil des Liebesplans oder des Willens des Vaters sein kann.

Die Pläne, Fähigkeiten und Sehnsüchte des Menschen werden nicht unterdrückt, sondern im großen Werk der Schöpfung integriert. Dieses enthält nicht obskure Pläne, sondern, im Sinn der Gleichnisse Jesu, Leben und Wohlergehen für alle: für die Schwachen genauso wie für die Starken, für die Gerechten genauso wie für die Ungerechten und die Sünder, für jene die es sich verdient haben, genauso wie für jene, die es sich nach unseren Maßstäben nicht verdient haben, für die an den Rand gedrängten genauso wie für die, die im Zentrum stehen, für jene, die sich ein Leben lang bemühen ebenso wie für jene, die im letzten Augenblick dazugekommen sind.

Die ersten drei Bitten können tatsächlich nochmals um das Symbol ‚Vater unser' bzw. ‚unser Vater' zusammengefasst werden. Mit der Anerkennung, der Zusage und der Herausforderung, die in diesen Bildern enthalten sind, ist die Heiligung seines Namens, die Ankunft seiner Wirkmächtigkeit und die Verwirklichung seines Willens mitgemeint.

In der Theologie des Matthäusevangeliums geschieht der Wille Gottes in der Zusammenführung und Versöhnung von Himmel und Erde. Darin verwirklicht sich das Wohl der Menschen und der Welt. Dieses Wohl geschieht nicht auf Kosten des Menschen oder der Welt, sondern indem beide ihre höchste Erfüllung erreichen.

Obwohl ein Strang der christlichen Frömmigkeit die Hingabe an den Willen Gottes so deutet, dass der Mensch seinen Willen unter den Willen Gottes stellen müsse, leite ich aus der Vaterunser-Theologie ab, dass dies eine oberflächliche Deutung ist. Gott will nicht die Unterwerfung, den Gehorsam des Menschen, sondern seine Entwicklung und seine Mitarbeit an der Vollendung der Schöpfung (Röm 8, 18). So liegt die Bedeutung dieser Vaterunser-Aussage im Wissen, dass „Gottes Wille" das Beste für Mensch und Schöpfung meint.

Annehmen was geschieht

Was ist der Wille Gottes und wie bestimmt er unser Leben? Das sind Fragen, die schon unendliche Diskussionen ausgelöst haben. Meistens deshalb, weil der Mensch Gottes Willen erkennen möchte, es in Wirklichkeit aber nicht kann. Widersprüchlich ist auch die Erfahrung, dass der Mensch den Willen Gottes verwirklichen möchte und es aus Gründen, die der Mensch auch nicht kennt, nicht kann. „Ich tue nicht das Gute, das ich möchte, sondern das Böse, das ich nicht möchte.“ (Römer 7,20). Der Mensch weiß und erfährt sich in dieser Spannung, den Willen Gottes erkennen und tun zu wollen und gleichzeitig dazu nicht in der Lage zu sein. Das Vertrauen, dass das Vaterunser ausdrückt, lässt uns annehmen, dass unser Bemühen und unser bestes Wollen, den Willen Gottes zu erkennen und zu tun, der ausreichende Beitrag des Menschen ist. Die Bitte ist Ausdruck des Vertrauens und unserer Bereitschaft, mit dem Willen Gottes zusammenzuarbeiten, damit er durch uns auf Erden und im Himmel geschehe.

Der Wille des Menschen ist Ausdruck seiner Kraft und Sehnsucht, sich zu verwirklichen. Wie stark diese Kraft ist, beobachten wir schon an kleinen Kindern. Noch kaum in der Lage, eigenständig zu stehen, können sie mit Vehemenz das zum Ausdruck bringen und durchsetzen, was sie wollen bzw. was sie nicht wollen. In der Entdeckung des Willens erkennen wir unsere Eigenständigkeit und unsere Fähigkeit, zu wählen und Entscheidungen zu treffen.

Während der Wille im Kleinkind oft ein unreflektierter Impuls ist, wird er im Heranwachsenden mehr und mehr eine psychische Kraft, die uns auch unsere Möglichkeiten bewusst macht, unseren Beitrag zur Vollendung unseres Lebens und des Lebens der Schöpfung zu leisten, wie groß oder wie klein er auch sei. Unsere Entwicklung geht dann mit der Abstimmung auf die Welt, die Menschen um uns und auch auf die Wirklichkeit ‚in uns' und ‚über uns' einher.

Vor allem die Psychosynthese hat die Entwicklung des Willens erforscht und herausgearbeitet, dass sie in Abstimmung mit der Außen- und Innenwelt des Menschen stattfindet. Der so entstandene Wille ermöglicht die Reifung der Persönlichkeit und die Entwicklung von Lebenszielen. Dabei geht es nicht um die rohe Kraft, mit der Menschen oft ‚ihre' Ziele und Pläne durch- und umsetzen. Es geht um die Einsicht in die Gesetzmäßigkeiten und Prinzipien der Wirklichkeit, der sich der Mensch notgedrungen anpassen muss, wenn er im Leben nicht gegen Windmühlen kämpfen will und sich darin letztlich aufreiben wird. Und es geht darum, dass wir früher oder später einen höheren Willen in uns und über uns erkennen und uns darauf abstimmen. Dieser Wille ist auch, dass wir aus unserem Leben das Beste für uns, für Mit- und Umwelt schaffen.

‚Dein Wille geschehe' hat also mit dem Vertrauen zu tun, dass sich im Willen Gottes unser tiefstes Glück und der besondere Sinn unseres Lebens entfaltet.

Der Wille des Vaters, zu dem uns Jesus ‚dein Wille geschehe' beten lehrt, ist der Anbruch und die Vollendung des Reiches Gottes, hier und jetzt, jeden Tag. Die Bitte darum, dass sein Wille geschehe, drückt unsere Bereitschaft aus, uns auf diesen Willen einzulassen und unser ganzes Leben immer mehr darauf abzustimmen. Ich denke, dass die meisten Menschen im Laufe des Lebens ein Gefühl dafür entwickeln, dass unter anderem der Einsatz für andere, die Bereitschaft zum Teilen und die Sorge um Gerechtigkeit eine Genugtuung mit sich bringen, die der Einsatz für persönliche Interessen entbehrt. Das mag damit zu tun haben, dass wir uns im Einsatz für andere und für das Gute in Verbindung zum Lebensfluss und dem Geheimnis Gottes erfahren. Simone Weil interpretiert das so: „Es geht darum zu erkennen, dass alles, was da ist und geschieht, Ausdruck seines Willens ist und niemand und nichts kann sich dieser Wahrheit und Wirklichkeit entziehen und niemand und nichts kann von diesem Willen etwas wegnehmen oder etwas hinzufügen“ (S. Weil, z. nach Blommestijn,188).

Zulassen

‚Dein Wille geschehe‘ erfordert, dass wir unseren Willen, unsere Bedürfnisse und Sehnsüchte mit dem Willen Gottes abstimmen und dann loslassen, indem wir sie dem göttlichen Willen anheimgeben, ein- und unterordnen. Erst wenn wir beide Schritte gemacht habe, können wir wirklich loslassen und

‚Ja‘ sagen zu allem, was geschieht. Dies zu können, ist eine große Entlastung und Befreiung.

In unübertrefflicher Weise hat Hermann Hesse in Siddharta beschrieben, wie es ist, wenn der Mensch ganz loslassen, vertrauen und geschehen lassen kann, wenn der Wille Gottes und der Wille des Menschen zusammenfallen: „Der Buddha ging seines Weges bescheiden und in Gedanken versunken, sein stilles Gesicht war weder fröhlich noch traurig, es schien leise nach innen zu lächeln. Mit einem verborgenen Lächeln, still, ruhig, einem gesunden Kinde nicht unähnlich, wandelte der Buddha, trug das Gewand und setzte den Fuß gleich wie alle seine Mönche, nach genauer Vorschrift. Aber sein Gesicht und sein Schritt, sein still gesenkter Blick, seine still herabhängende Hand, und noch jeder Finger an seiner still herabhängenden Hand sprach Friede, sprach Vollkommenheit, suchte nicht, ahmte nicht nach, atmete sanft in einer unverwelklichen Ruhe, in einem unverwelklichen Licht, einem unantastbaren Frieden.“ (zit. nach http://www.gutenberg.org/files/2499/2499-8.txt) .

„Dein Wille geschehe“ ist also die Bitte darum, dass wir erkennen, dass wir das, was ist und was geschieht, ganz und gar annehmen und zulassen können. Zwar wissen wir, dass wir an dem, was geschieht, nichts ändern können, aber die Versuchung, es dennoch zu probieren, auch mithilfe Gottes, ist immer wieder da. Und zu wissen, dass dies nicht möglich, aber auch nicht notwendig ist, würde uns vieles im Leben anders, vor allem entspannter, sehen lassen.

„Dein Wille geschehe“ verweist uns wieder auf den Vater im Himmel, dessen Plan verwirklicht werde, im Himmel und auf Erden. Dieses „dein“ verbindet sich nochmals mit den vorausgehenden „dein“ (dein Name, dein Reich) und hat definitiv mit der Ausrichtung des Menschen auf Gott zu tun. Ein Prinzip geistlichen oder spirituellen Lebens ist, in der Lage oder gewillt zu sein, den Hauptbezugspunkt des Lebens nicht (nur) in mir und meinen Interessen und Bedürfnissen zu haben, sondern in Gott und in dem, was er auf Erden und im Himmel wirken kann. Sich diesem Willen ein- bzw. unterzuordnen ist zuerst nicht ein Akt der Demut, sondern der Weisheit. Diese Einordnung entlastet: Es befreit, mein Leben von einer höheren Wirklichkeit getragen zu wissen; es gibt Sicherheit, sich von einem vertrauenswürdigen Navigationssystem unterstützen zu lassen, auch wenn ich oft die Detailhinweise nicht verstehe.

Die Haltung, die uns in diesem existenziellen „Ja“ zum Willen Gottes unterstützt, ist das Zulassen. Lassen, ob es sich nun um loslassen oder zulassen handelt, ist eine zentrale Einstellung, die Jesus praktiziert und den Seinen empfiehlt. ‚Und sie ließen alles und folgten ihm nach‘, wird in den Berufungsgeschichten erzählt. Damit ist ein Loslassen der Vergangenheit (Familie und Arbeit) und ein Zulassen der Zukunft gemeint. „Dein Wille geschehe im Himmel und auf Erden“ hat mit dem Zulassen dessen zu tun, was geschieht, geschehen kann oder geschehen muss.

Es ist bemerkenswert, dass die christliche Spiritualität das Prinzip des Zulassens kaum entwickelt hat. Im Bereich der Tugenden könnte man sagen, zulassen hat mit Geduld (patientia) und Wohlwollen (humanitas) zu tun. Aber diese Tugenden bringen nicht exakt zum Ausdruck, was das Prinzip des Zulassens meint. Zulassen wird in der östlichen Spiritualität und in der modernen Psychologie reflektiert und empfohlen. Diese helfen uns, besser zu verstehen, was mit zulassen bzw. ablehnen gemeint ist.

In der buddhistischen Ethik ist das Gegenteil des Zulassens die Ablehnung. Sie wird als Hass beschrieben und zu einem der drei Geistesgifte, Geistesverschmutzungen oder Wurzeln des Unheilsamen gezählt. Hass kann auch als Zorn, Kritik, übermäßige Kontrolle, Besserwisserei oder Aggression gegenüber den Mitmenschen und dem, was geschieht, beschrieben werden. Zu erkennen, dass diese Reaktionen von uns und unserem Inneren kommen, ist eine zentrale Erkenntnis und das Prinzip des Zulassens die Reaktion, die uns davon befreit.

Für die moderne Psychologie, vor allem die Psychoanalyse, ist die Verteidigung oder Ablehnung eine Abwehrreaktion. Abwehrmechanismen sind dazu da, das innere Gleichgewicht zu erhalten. Wenn sie zu stark sind, können sie unser Leben einengen, weil sie mögliche Erfahrungen und Wahrnehmungen verhindern und ausgrenzen.

Das Prinzip des Zulassens, als Einstellung dem gegenüber, was im Leben passieren kann, ist eine gute Haltung, die Hass, Zorn, Ablehnung und Abwehr ausgleichen, ja entkräften und auflösen kann. „Dein Wille geschehe" in der unsichtbaren und sichtbaren Wirklichkeit ist Ausdruck davon, dass wir uns dem Leben stellen wollen und zulassen, was geschehen muss.

2.5 Unser tägliches Brot gib uns heute

Mit der Bitte ‚gib uns heute unser tägliches Brot' verlassen wir die „du/dein – Bitten" des Vaterunsers, und kommen zu den „wir/uns/unser-Bitten". Und es geht darum, das Wirken des Vaters im Himmel, das in den ersten Bitten im Mittelpunkt steht, mit den konkreten menschlichen Erfahrungen und Bedürfnissen zu verbinden.

Das Brot wird in den Übersetzungen in die lebendigen Sprachen mit „heute" oder „täglich" ergänzt und lässt mehrere Deutungen zu, die die Bitte weit und bedeutungsvoll machen.

Das Wort ‚epiousion', das mit „heute, täglich oder heute für morgen" wiedergegeben werden kann, gibt es im klassischen Griechisch nicht. Aber Matthäus und Lukas verwenden dieses Wort und die Bibelwissenschaft fragt sich, warum sie für „heute oder täglich" nicht Begriffe verwendet haben, die es im Griechischen gab (z.B. semera oder emeresios) und stattdessen eben dieses „epiousion". (Fredrich, 268). Treffen wir hier Spuren des aramäischen Urtextes (Brown, 196)? Die Brotbitte enthält auf alle Fälle eine Verdoppelung, die verschiedene Bedeutungen zulässt und verschiedene Deutungen fordert.

- Gib uns heute unser tägliches Brot
- Gib uns heute das Brot, das wir brauchen, bzw. das notwendige Brot
- Gib uns heute das Brot für den morgigen Tag.

„Gib uns heute unser Brot", wäre der Inhalt der Bitte. Aber wenn wir beten, „gib uns täglich unser Brot", gibt es eine gewisse Garantie, dass wir immer Brot haben werden, weil unser Himmlischer Vater ja weiß, was wir brauchen (Mt 6,32) und wir uns keine Sorgen um das Morgen machen sollen (Mt 6,34).

Schließlich gibt es noch die Deutung dieser Bitte aus dem konkreten Alltag heraus: „Gibt uns heute das Brot für morgen." Handwerker erhielten am

Abend den Lohn für den Tag ausbezahlt und damit konnten sie das Brot für den kommenden Tag für sich und ihre Familie kaufen, es war damit gesichert.

Im Wort „Brot“ ist im kulturellen Umfeld Jesu alles mitgemeint, was man zum Leben braucht: die materielle und die geistige Grundlage des Lebens, denn von der materiellen Grundlage allein kann der Mensch nicht leben (Matthäus 4,11). Brot erinnert auch an das Manna in der Wüste und damit daran, dass es eine Gabe ist, über die man nicht verfügen kann. Das Manna fiel nur für den einen Tag vom Himmel (Ex 16,4) und konnte nicht gehortet werden, weil es verkam, wollte man es länger aufbewahren (Ex 16,20). Dadurch wird der Sammelwut und der menschlichen Gier eine Schranke gesetzt und das Thema Vertrauen eingefügt.

Brot erinnert die frühen Gemeinden auch an die Mahlerfahrungen der Jünger und der Menschen, die Jesus zuhörten und folgten. In den Brotvermehrungen, in den gemeinsamen Mahlzeiten der Jünger, in dem, was die frühen Gemeinden im Brotbrechen feierten und erlebten, ist ein ganzheitlicher Aspekt enthalten. Es geht immer um Gemeinschaft, um „wir“ und „uns“. Und es geht immer darum, dass Brot nicht nur eine körperliche Nährfunktion hat, sondern Symbol für das Stillen aller menschlichen Bedürfnisse und der verschiedenen Formen des menschlichen Hungers und Hungerns ist: nach

Nahrung, nach Gemeinschaft, nach Sinn, nach einer Beziehung zu einer letzten Größe und Wirklichkeit.

Wenn die Jünger und die ersten Gemeinden die Bitte um das tägliche Brot aussprechen, verbinden sie damit also neben der Bitte um das Lebensnotwendige auch das, was im ‚Brechen des Brotes' zum Ausdruck kommt bzw. welche Hoffnungen und Zusagen dort angesprochen werden: die Nähe und die Liebe Gottes zum Menschen und die Hoffnung, dass sich das Unvollendete in einer von Gott geschenkten Zukunft vollenden wird.

Im geteilten Brot werden Körper und Seele genährt

Wenn wir beten, ‚unser tägliches Brot gib uns heute', können wir davon ausgehen, dass das, worum wir bitten, eigentlich da ist. Dass dennoch jedes Jahr Millionen Menschen hungern und sterben müssen, ist die tragische Folge unseres Unwillens und unserer Unfähigkeit zu teilen, auch wenn wir es könnten.

„Laut Ernährungs- und Landwirtschaftsorganisation der Vereinten Nationen (FAO) hungerten im Jahr 2014 weltweit 805 Millionen Menschen – mehr als alle Einwohner der Europäischen Union (EU), Russlands und Japans zusammen. Wird die Nahrung knapp, weil wir zu viele werden? Im Gegenteil: Die Landwirtschaft erzeugt derzeit etwa ein

Drittel mehr Kalorien, als für die Versorgung aller Menschen rechnerisch benötigt wird – und noch wächst die Lebensmittelproduktion schneller als die Weltbevölkerung. Hunger hat andere Ursachen: Armut, mangelnder Zugang zu Boden, Wasser und anderen Ressourcen sowie schlechte Regierungsführung." (Bundesministerium für Ernährung und Landwirtschaft. Berlin 2018)

Deshalb meinte schon Gandhi: „Um den Hunger der Menschen zu stillen, ist genug da. Um ihre Gier zu befriedigen, nicht."

Die Gleichnisse Jesu erinnern, dass sich in der Wirklichkeit Gottes Güte und Großzügigkeit ausdrücken. Das müsste uns dankbar feststellen lassen: Ja, Brot ist für alle genug da. Gott, die Natur, das Leben schaffen in der Regel die Voraussetzungen dafür, dass der Mensch leben kann und sich nicht sorgen muss oder soll.

Natürlich bedeutet das nicht, dass wir nicht arbeiten und uns nicht einsetzen müssen. Der Prozess, der dazu führt, dass Brot für alle da ist, hat auch mit den Fähigkeiten der Menschen, dem aktuellen Entwicklungsstand und der Produktionstechnik zu tun. All dies meint ‚Brot' und meint auch, dass es geteilt werden muss.

Die Vaterunser-Bitte „gib uns heute unser tägliches Brot" ist die Verbindung von Wirtschaft und Religion, Entwicklung und Ethik, Politik und Spiritualität.

„Gib uns heute unser tägliches Brot“ lehrt uns, dass das Brot erst für alle sicher ist, wenn es geteilt wird. Je weniger wir teilen, umso mehr müssen wir das Brot im weitesten Sinn verteidigen: mit wirtschaftlichen Strategien, mit ungesunden Düngemitteln, mit Waffen. Aber diese Sicherungsdämme sind gefährdet und können jederzeit brechen und es wäre gut, dass wir mit ihrem Abbau beginnen würden.

Wie paradox ist es doch, dass dort, wo Brot in Fülle da ist, immer mehr Menschen an den sogenannten Zivilisationskrankheiten leiden, an Überoder Falschernährung erkranken und in teure Behandlungen gehen müssen, während in anderen Teilen der Erde Million hungrig zu Bett gehen müssen und verhungern.

Deshalb ist die Bitte um das tägliche Brot eine ‚unser‘-Bitte. Es geht um die Erkenntnis, dass es nicht um mein Brot geht und um das Brot der wenigen, sondern um das Brot für alle und aller. Und ‚meine‘ und ‚unsere‘ (der Menschen, die mit uns im Wohlstand leben) Entwicklung wird es nicht geben, ohne die Entwicklung und den Wohlstand aller, zumindest aber möglichst vieler.

Das „unser“ muss die Beterin und den Beter des Vaterunsers an die sozialen Ungerechtigkeiten erinnern. Nicht, um ein schlechtes Gewissen zu entwickeln, sondern um sich dankbar bewusst zu werden, dass genug für alle da ist, und sich dafür einzusetzen, dass geteilt wird.

Ein zentraler Gesichtspunkt erwächst auch aus dem Wortpaar „täglich – heute". Es ist eigentlich eine Verdoppelung und damit eine gegenseitige Verstärkung beider Worte. Wir sollen uns in der Sorge um das Brot und die Bedürfnisse, die damit verbunden sind, nicht in Plänen und Ängsten verlieren. Es geht wirklich um das Heute. Natürlich müssen wir auch planen und vorsorgen, sonst könnten wir auch nicht teilen. Konkret aber geht es darum, dass wir im täglichen Brot die Zuwendung Gottes, Gemeinschaft und Liebe mit ihm und untereinander erfahren dürfen und darauf vertrauen können, dass sie auch in Zukunft gewährt werden.

Das Brot ist somit eine physische Gabe, sofern sie unseren körperlichen Hunger stillt. Es ist eine geistlich spirituelle Gabe, weil es, wenn wir sie suchen und zulassen, auch die geheimnisvolle Gegenwart Gottes enthält (S. Weil, z n Blommestijn, 192) und es ist eine soziale Gabe, weil das, was wir essen, aus der Zusammenarbeit vieler Menschen geworden ist und „zu teilen" ist.

‚Unser Brot – unser Hunger' sprechen somit nicht nur den Körper, sondern den ganzen Menschen und die ganze Menschheit an.

Interessant ist noch, dass die Brotbitte in einem Satz mit der Schuldbitte steht und durch ein

‚und' verbunden wird: „Gib uns heute unser tägliches Brot und vergib uns unsere Schuld."

In dieser Verbindung wird nochmals die Verantwortung bzw. die Schuldigkeit der Menschheit für das Brot aller angesprochen.

Das ‚unser' in der Brotbitte hat die gleiche Funktion, wie das ‚unser' in Verbindung mit dem Vater im Himmel und wie das ‚unser' im Zusammenhang mit unserer Schuld und unseren Schuldigern: Gott, Brot und Schuld führen und halten die Menschheit zusammen bzw. halten sie auch auseinander. Die Weigerung, Brot und alles, was damit gemeint ist, zu teilen, macht uns aneinander und vor Gott schuldig und widerspricht Gottes Schöpfungsordnung.

In allen mystischen oder spirituellen Traditionen ist das Teilen, das Schenken und das Geben ein wichtiger Beitrag für die eigene Entwicklung. Wer nur an sich denkt, kann sich menschlich und spirituelle nicht entfalten, weil er vom eigenen Ich und seinen Interessen festgehalten wird. Unsere Existenz und unser ganzheitliches Wohlbefinden sind nicht durch das Zusammenraffen und Horten gewährleistet, sondern durch das Teilen und die Sorge um andere: Geben ist seliger als Nehmen (Apg 20,35) und teilen ist das, was Zukunft und Wohlstand sichert, mehr als horten und raffen.

Empfangen und teilen

‚Unser tägliches Brot gib uns heute' ist zuerst Einübung in das Vertrauen, dass für uns und für mich genügend da ist und gesorgt ist. Und es ist die Bitte darum, dass wir in der Gabe den Geber erkennen und selber zu Gebenden werden.

Gleichzeitig sind wir aber auch Empfängerinnen und Empfänger dieses Brotes. Empfangen drückt eine ehrfurchtsvolle und demütige Haltung dem Geber gegenüber aus, die jede Erwartung, jeden Rechtsanspruch und jedes Erkämpfen ausschließt. Es lässt auf eine besondere Beziehung zwischen Geber und Empfänger schließen.

Empfangen und Teilen unterstützen und ergänzen einander. Wenn ich die Gaben des Himmels nicht mit Gier und Anspruch einfordere, sondern für das Empfangen offen bin, dann kann ich auch teilen, will die Gaben nicht horten oder festhalten.

Bernhard von Clairvaux hat für das Geben ein schönes Bild entwickelt: den römischen Brunnen, bei dem das Wasser von den oberen Schalen in die untere fließt, wenn die obere voll ist: „Wenn du vernünftig bist, erweise dich als Schale und nicht als Kanal, der fast gleichzeitig empfängt und weitergibt, während jene wartet, bis sie gefüllt ist. Die gütige und kluge Liebe ist gewohnt überzuströmen, nicht auszuströmen."

Wir dürfen vernünftig sein und brauchen nur das weiterzugeben, was wir nicht brauchen, und brauchen nicht zu halten, wenn schon genug da ist. C. F. Meyer unterstreicht im Gedicht „Der römische Brunnen“ nochmals das, was Bernhard von Clairvaux empfiehlt: „Und jede (Schale) nimmt und gibt zugleich und strömt und ruht.“

Damit ist das Vertrauen ausgedrückt, dass wir uns in einen Kreislauf der Güte befinden. Empfangen und Geben, Aufnehmen und Loslassen sind Teile des gleichen Prozesses, wenn wir ohne Gier empfangen und ohne Habsucht weitergeben.

2.6. Vergib uns unsere Schuld, wie auch wir unseren Schuldnern vergeben

Obwohl Matthäus in der Vergebungsbitte von Schulden und nicht von Sünden (wie Lukas) spricht, meinen die meisten Kommentatoren, dass die Vergebungsbitte bei Matthäus Sünde und Schuld anspricht, die wir als Menschen Gott gegenüber haben (Fredrich, 271ff.).

Wörtlich wird in der Matthäusfassung Vergebung an Schuld gebunden, in der Lukasfassung an Sünde. Wobei das Griechische ‚opheleima‘, welches Matthäus für Schuld verwendet, die aramäische Übersetzung von ‚haba‘ und damit eine moralische Schuld ansprechen könnte. Die aktuellen Übersetzungen des Vaterunser-Textes, die den Versuch darstellen, die Bedeutung der Vergebung in die jeweilige Kultur und Zeit zu übertragen, sprechen von Schuld (deutsch), von Schulden (debiti – italienisch), von Übertretungen (trespasses – englisch) oder Verletzungen / Beleidigungen (offenses/ofensas – französisch/spanisch). Schuld oder Sünden, die vergeben werden oder die wir vergeben, haben also verschiedene Bedeutungen und wohl auch verschiedene Aufarbeitungsmodelle. Und gerade der Unterschied in den Übersetzungen deutet darauf hin, wie flexibel und kulturabhängig diese Begriffe zu verstehen sind.

In der jüdischen religiösen Erfahrung ist das Wissen um die Schuld des Menschen allgegenwärtig. „Sprich mich frei von Schuld, die mir nicht bewusst ist.“ (Psalm 19,13); „Ich erkenne meine Missetaten und meine Sünde ist mir immer vor Augen.“ (Psalm 51).

Spannend und wichtig ist, dass es in der Vergebungsbitte um die Vergebung ‚unserer‘ Schuld geht. D.h., im gemeindebezogenen Gebet hat Sünde oder Schuld eine soziale Bedeutung und die Vergebungsbitte und die Vergebungsbereitschaft auch.

Ich möchte daran festhalten, dass es auch in der Vergebungsbitte nicht darum geht, dass uns Gott vergibt, wenn wir ihn darum bitten. Gott hat uns schon vergeben, bevor wir ihn bitten. Es geht auf keinen Fall um einen Handel (wenn ich meinem Mitmenschen vergeben habe, wird mir Gott, als Gegenleistung, auch vergeben), sondern darum, dass uns im Gebet die Großzügigkeit Gottes bewusst wird. Aus dieser Großzügigkeit heraus sollten auch wir vergeben (können) bzw. Gott erst um Vergebung bitten, wenn wir vergeben haben. (vgl. Mt 5,23).

Zu wissen, dass mir eine Schuld, die ich nie begleichen könnte, nachgelassen ist und dass dies die Erfahrung aller Menschen ist („unsere Schuld"), setzt uns in eine besondere Gemeinschaft. Theologisch gesehen könnte hier vom Gegenteil der Erbschuld gesprochen werden. Erbschuld wird heute oft als unverschuldete, aber trotzdem wirksame Verstrickung in Schuld oder das Böse bezeichnet. Die im Vaterunser-Gebet bewusst gemachte Erfahrung spricht vom Eingebettetsein des Menschen in die Vergebung, also in ein Vergebungserbe, ein Erbvermögen, im Gegensatz zu einer Erbschuld.

Die Schatten der Schuld annehmen und loslassen

In einer säkularisierten Kultur und Mentalität tun sich die Menschen schwer, Schuld als Sündenbewusstsein zu deuten und zu erfahren. Die Einstellung, in der der bekannte Bußpsalm 51, entstanden ist, kann heute wohl nur von wenigen Menschen nachvollzogen werden: „Siehe, in Schuld bin ich geboren, und meine Mutter hat mich in Sünde empfangen; verbirg dein Antlitz vor meinen Sünden, und tilge alle meine Missetat." (Ps 51,7.11)

Die Deutung des Lebens als grundsätzlich schuld- und sündhaft wird vom modernen Menschen nicht mehr geteilt und kann religionsgeschichtlich vor allem der christlichen Spiritualität und Theologie des Mittelalters zugeschrieben werden.

Heute stellen wir eine zunehmende Unfähigkeit von Schuldbewusstsein, Schuldwahrnehmung und Schuldverarbeitung fest. Dies ist auch eine psychologische und spirituelle Verarmung. „Unsere Schuld" und „unsere Vergebung" an- und auszusprechen, ist eine existenzielle Übung und führt den Menschen zur Begegnung und Auseinandersetzung mit seinem Schatten (C.G. Jung). Das Ziel der Gebetspraxis aus dem Geist des Vaterunsers ist nicht die Entwicklung von Schuldgefühlen für das, was wir getan oder unterlassen haben, sondern die Anerkennung, dass Schuld und Sünde zum Menschsein gehören (Kierkegaard). Dies im Gebet Jesu auszudrücken, heißt: Wir anerkennen Mitverantwortung an unserer Situation, die für uns noch lange nicht gut und erlöst erscheint, aber wir dürfen damit rechnen, dass uns Gott jederzeit vergibt. Wir dürfen die Verletzungen, die wir erfahren und zufügen, als solche sehen und mit ihnen aktiv und bewusst umgehen. Im Mittelpunkt dieses Prozesses stehen trotzdem nicht die Schuld und die Sünde des Menschen, sondern die Gnade Gottes. Die Erfahrung der

Vergebung befreit uns von Rachephantasien und Vergeltungsplänen und hilft uns möglicherweise, uns so anzunehmen, wie wir sind – eben als Menschen, die sich 70x7mal versündigen (Matthäus 18,22), ebenso oft von Gott Vergeben zugesprochen bekommen und sie genauso oft schenken sollen und dürfen. Und: Menschsein heißt auch, dass wir nicht immer und nicht gleich vergeben können.

Schuld kann viele Gesichter haben: Verfehlung, Oberflächlichkeit, Gleichgültigkeit, Ungerechtigkeit, Rücksichtslosigkeit oder Egoismus. Diese sind Teil der menschlichen Erfahrung, ob wir dies nun anerkennen oder nicht. Wir verhalten uns anderen gegenüber so, dass wir an ihnen schuldig werden, und andere verhalten sich uns gegenüber so, dass sie an uns schuldig werden.

Mit diesen Erfahrungen müssen wir leben, sie sind Teil unseres privaten, gesellschaftlichen und öffentlichen Alltags. Die Lebenspraxis Jesu und das Vaterunser lehren uns, dass uns Gott mit seiner Vergebung jederzeit entgegenkommt und dass wir das Unrecht, das wir erfahren oder ausüben, anschauen und vergeben dürfen.

Das Gottesbild und die Vatererfahrung Jesu beschreiben, dass Gott großzügig vergibt. Diese Auffassung gehört zum Mittelpunkt der Lehre Jesu. Die vielen Gleichnisse (Der verlorener Sohn Lk 15, 11-32; der Gläubiger und die Schuldner Lk 7, 41ff.; der Schalksknecht Matthäus 18, 23-34; nicht siebenmal, sondern siebzigmal siebenmal musst du vergeben Mt 18,22), erzählen von der unbedingten, an keine Bedingungen geknüpften Liebe und Vergebungsbereitschaft Gottes. Sie stellen gleichzeitig eine Verbindung zur Vergebungsverpflichtung des Menschen her. Dabei schafft die Vergebung Gottes immer wieder die Voraussetzung für die Vergebung, nicht umgekehrt; dies würde der Logik des Jesuanischen Vaterbildes widersprechen.

Vergebung ist nicht: vergessen, leugnen, verdrängen, begnadigen, dulden, entschuldigen. „Vergebung ist der Abbau negativer Reaktionen und die Entwicklung positiver Aktionen gegenüber Ereignissen, Personen oder Gruppen, die sich gegen mich oder uns vergangen haben.“ (Escher, 101).

Dabei müssen wir keine Heldentaten verrichten oder gegen unsere emotionalen Reaktionen vorgehen. Emotionen brauchen Zeit und Raum, sie müssen wahr- und ernstgenommen werden, damit sie aufgearbeitet werden können. Auch die Annahme der Vergebung braucht ihre Zeit, damit sie mich heilen und befreien kann, ob sie auf mich, die eigene Geschichte und die eigenen Fehler gerichtet ist oder auf andere. Weil Vergebung ein Prozess ist, der sich nicht ein für alle Mal ereignet, ist sie in die alltägliche Praxis des Vaterunser-Gebets integriert. Sie wird damit auch zu einem Weg, mit dem Schatten in uns und anderen umzugehen. Jedes Mal, wenn wir es beten, wird uns die Zusage der

Vergebung Gottes bewusst und wir werden eingeladen, zu vergeben, anderen und uns selber; nicht um eine moralische Pflicht zu erfüllen, sondern weil Vergebung befreit und heilt.

Schuld und Vergebung halten uns auch zusammen und beschreiben die Situation der Menschheit: Vergib uns „unsere Schuld", wie auch wir vergeben jenen, die sich gegen „uns" verfehlt haben.

Und das ‚unsere Schuld' verbindet uns auch mit der Menschheit weltweit. Mit der Ausbeutung und Unterdrückung, auf die unser Wohlstand gebaut war und ist; ‚unsere Schuld' bezieht sich auf den Kolonialismus und auf den Sklavenhandel, mit denen wir Menschen jahrhundertelang entwürdigt und ausgenutzt haben.

Loslassen: der Weg aus der Verstrickung in Schuld

Schuld und Vergebung sind große Themen des menschlichen Lebens. Weil wir nicht umhinkommen, andere und uns selbst zu verletzen und zu enttäuschen oder weil wir uns selbst und anderen nicht gerecht werden, werden wir schuldig und brauchen Vergebung. Diese Erfahrung machen die Mitmenschen auch uns gegenüber und deshalb begegnen uns die Themen Tag für Tag in den verschiedensten Facetten. Es gibt kleinere Verletzungen und großes

Unrecht, das uns geschieht und die wir anderen, mehr oder weniger bewusst, zufügen.

Wie damit umgehen? Wir erleben es immer wieder, wie sehr diese Erfahrungen unser Leben trüben können, uns den Schlaf rauben und die Freude an den schönen Dingen im Leben madigmachen. Natürlich gibt es einer Verletzung oder einem erfahrenen Unrecht gegenüber spontane und emotionale Reaktionen, die wir nicht verhindern können. Entscheidend sind nicht diese, sondern wie wir damit umgehen, darauf reagieren und welche Einstellung bzw. welches Prinzip uns beim Umgang damit leitet.

Vergebung ist in ihrem tiefsten Sinn nicht eine moralische oder ethische Vorschrift, Vergebung ist vor allem ein spirituelles Prinzip, das uns entlastet und befreit. Schuld loslassen zu können, Verletzungen, die wir erfahren haben, nicht ein Leben lang mitschleppen zu müssen, ist eine Lösung für viele Probleme und eine Erlösung. Schuld und Verletzungen berühren unser alltägliches Leben stark. Sie loslassen zu können, ist ein Weg, der zu neuem, befreitem Leben führt.

Loslassen und lassen zu können, ist ein spirituelles Prinzip, auf das die fernöstliche Spiritualität seit ihrer frühesten Zeit verweist. In der buddhistischen Psychologie ist das Lassen und Loslassen das Gegenteil der Gier und der Anhaftung. Das, was uns im Leben an Unrecht geschieht, rächen zu wollen oder zu müssen, ist eine Anhaftung, ein Zwang, vielleicht eine Sucht. Schuld wirklich lassen bzw. loslassen zu können, führt zu einem befreiten und glücklichen Leben. Dabei ist es gleich, ob wir sie verursachen oder ob andere in Wirklichkeit oder in unserer Wahrnehmung an uns schuldig werden oder uns verletzen.

„Lassen" ist für Meister Eckhart (1260 – 1328) ‚das' Prinzip guten und glücklichen Lebens: „Wer sich auch nur einen Augenblick ganz lassen könnte, dem wäre alles gegeben", fasst er etwas polarisiert seine ganze spirituelle Psychologie zusammen. „Wer werden will, was er sein sollte, der muss lassen, was er jetzt ist"; „man muss lernen, bei allem, was man tut, innerlich frei zu sein".

Dieses Lassen betrifft nicht nur unsere Schuld und unseren Besitz, sondern vor allem unsere Einstellungen und Vorstellungen. Diese sind oft davon geprägt, dass wir denken, ‚uns geschieht Unrecht' oder dass wir Schuldgefühle anderen oder uns selbst gegenüber haben. Auch das ist ein ‚Haben' und ein ‚Halten', die wir loslassen dürfen und müssen, um wirklich frei zu sein oder zu werden. Wirklich loszulassen und zu lassen ist das spirituelle Angebot der Vaterunser-Bitte: ‚Vergib uns unsere Schuld, wie auch wir vergeben unseren Schuldigern.'

2.7 Führe uns nicht in Versuchung

Das Wirken Jesu und das Entstehen der frühen christlichen Gemeinden ist eng mit der Annahme verbunden, dass das Ende der Welt oder der Zeit bevorsteht. Mit dieser Erwartung ist auch eine Art endzeitliche Versuchung und eine Konfrontation mit dem Bösen angesprochen: Am Ende werden sich die Mächte des Bösen nochmals aufbäumen und versuchen, die Gläubigen zum Abfall von ihrem Weg, ihrem Glauben und ihrem Ziel zu bringen.

Unabhängig von dieser Situation kann man sich aber, ausgehend vom Grundgedanken des Vaterunsers, schwer vorstellen, dass Gott den Menschen in Versuchung führt oder der Versuchung aussetzt. Die Weltanschauung des Vaterunsers geht eher davon aus, dass Versuchungen und das Böse zu den Bedingungen und Möglichkeiten des Lebens gehören. Sie bietet aber einen Weg an, mit diesen Problemen umzugehen in der Gewissheit der Nähe und der Fürsorge des Vaters.

Der erste Teil der Bitte, ‚führe uns nicht in Versuchung', kann zwei Bedeutungen annehmen: versucht werden oder auf die Probe gestellt werden. Der Bereich, den diese Vaterunser-Bitte anspricht, liegt wohl in der Mitte, zwischen beiden Bedeutungen.

Die Versuchung im Sinn von „peirasmos“ hat den Untergang des Versuchten zum Ziel und kann damit als Falle verstanden werden. So ist die Versuchung Jesu in der Wüste zu deuten. Es geht dort wirklich um Leben und Tod, um die existenzielle Entscheidung für und mit Gott – oder gegen ihn – und an ihm vorbei zu leben. Der Jünger betet, dass ihm diese existenzielle Versuchung erspart bleibt.

Auf die Probe stellen ist etwas anderes. Die Erfahrung Abrahams mit Isaak (Gen 22,1) wird durchaus mit „auf die Probe stellen“ und nicht mit Versuchung übersetzt. Auf die Probe stellen ist keine existenzielle Bedrohung, sondern prüft die Einstellung oder den Charakter einer Person und kann für den, der die Probe durchmacht, auch hilfreich sein. Es kann ihn/sie stärken und Klärung bringen. Eine Prüfung ist hilfreich, wenn sie die Fähigkeiten oder Stärken erprobt und bewusstmacht. Auf die Probe stellen hat mehr mit einer Herausforderung zu tun, die grundsätzlich von einem guten Ende ausgeht, gut gemeint ist und die Entwicklung der Herausgeforderten im Auge hat. Auch Hiob wird in diesem Sinn nicht versucht, sondern auf die Probe gestellt. ‚An ihn (Hiob) selbst lege deine Hand nicht‘, fordert der Herr vom Satan (Hiob 1,12). Gott versucht nicht und führt nicht in Versuchung (Sirach 15,12; Jak 1,13), Gott stellt höchstens auf die Probe.

Die Bitte um Bewahrung vor der Versuchung meint also mehr, dass Gott den Beter in der

Versuchung nicht verlässt. Es ist anzunehmen, dass das griechische Wort ‚peirasmos' das hebräische ‚massah' bzw. das aramäische ‚nisyon' wiedergeben soll (Lamprecht 30).

Man muss davon ausgehen, dass die Gebetspraxis und die mündliche Überlieferung auf Aramäisch oder Hebräisch stattgefunden haben. In diesen beiden Sprachen bedeutet diese Bitte: „Lass uns nicht in Versuchung geraten, erspare uns die Versuchung" oder „Mach, dass wir nicht in Versuchung kommen; verhindere, dass wir versucht werden" oder „Lass uns in der Versuchung/in der Anfechtung nicht zugrunde gehen." Denn Versuchung im Sinne von ‚massah' / ‚nisyon' ist Teil des Lebens und der Geschichte der Menschheit.

Der biblische Hintergrund für die Versuchung ist Jesu Versuchung in der Wüste (Matthäus 4,1-10) und die paradiesische Versuchung im Garten Eden. Immer geht es darum, von etwas versucht zu werden, was die natürlichen und normalen Bedingungen menschlichen Lebens überschreitet, und die Ablehnung der Versuchung hat damit zu tun, Menschsein und seine Bedingungen anzunehmen.

Der Verzicht, aus dem Leben eine show zu machen

Die Wüste ist der Ort der Klarheit und der Wahrheit, das Gegenteil der Verwirrung und der Verblendung. Symbolisch gesprochen: Wo nichts ist, wird man unerbittlich mit dem konfrontiert, woraus und wofür man leben will; daran hindert uns sonst, ebenso unerbittlich, das Trügerische. Für Jesus offenbaren die Versuchungen drei Verblendungen: sich das Lebensnotwendige ohne Mühe, über Trick oder Magie zu verschaffen (aus Steinen Brot machen); zu meinen, wirkliches Glück in Macht und Kontrolle zu finden (sich vor dem Besitz niederzuwerfen); und das Leben an unrealistische Voraussetzungen und unverantwortliche Risiken zu binden (sich von der Zinne des Tempels zu stürzen und das Vertrauen auf Gott missbrauchen zu wollen).

Aus dem Buch Genesis lässt sich noch eine Bedeutung von Versuchung ableiten: dass der Mensch wie Gott oder gar Gott selbst sein möchte. „Da sprach die Schlange zur Frau: Ihr werdet keineswegs des Todes sterben, sondern Gott weiß: An dem Tage, da ihr davon esst, werden eure Augen aufgetan, und ihr werdet sein wie Gott und wissen, was gut und böse ist. Und die Frau sah, dass von dem Baum gut zu essen wäre und dass er eine Lust für die Augen wäre und verlockend, weil er klug machte." (1 Mose 3,4-6). Sich dieser Urversuchung bewusst zu sein und ihr nicht nachzugeben bedeutet, sich mit dem Menschensein, seinen Bedingungen und Möglichkeiten zufriedenzugeben.

Versuchung als existenzielle Gefährdung

Die Versuchung ist existenziell vor allem etwas, was uns von unserem eigentlichen Ziel abbringt. In diesem Sinn hat Versuchung eine ganz andere Bedeutung als das, womit sie unsere Kultur meistens in Verbindung bringt. Es geht nicht um eine Versuchung, die als ein Essen erscheint, das uns nicht guttut, aber doch schmecken würde. Oder um die Versuchung im Bereich Erotik oder Sexualität, wenn ein Gedanke, ein Gefühl, ein Bild uns zu Handlungen anregen, die wir uns versagen müssen. Es ist auch nicht nur der Hang oder die Lust, Grenzen, Gewohntes oder Übliches zu überschreiten. All das trifft Versuchung im religiös-spirituellen Sinn irgendwie, aber doch nicht ganz.

Im existenziell religiösen Sinn stellt man Versuchung in den Zusammenhang mit Verhalten, vielleicht auch schon mit Gedanken und Gefühlen, die uns schaden könnten, weil sie uns abbringen vom Wesentlichen, als dem, was gut, authentisch und bleibend ist. Im Neuen Testament verwendet man für ein Verhalten, das uns vom Ziel ablenkt den Begriff ‚hamartia', der meistens mit Sünde und Schuld übersetzt wird.

In der klassischen griechischen Kultur sprach man von ‚hamartia', wenn Bogenschützen den Pfeil am Ziel vorbeischossen. Daraus ist abzuleiten, dass der innere Sinn von Versuchung damit zu tun hat, dass wir das wahre Ziel des Lebens oder eben das Wesentliche nicht erkennen und daran vorbei leben. D.h. Versuchung im biblischen, existenziellen und spirituellen Sinn ist, dass der Mensch das Ziel des Lebens verliert, vergisst oder vielleicht verdrängt.

Die Fülle der Möglichkeiten, die wir heute haben, Leben leichter und schöner zu machen, kann uns ablenken von unserem wahren Ziel. Die Wahlmöglichkeiten, mit denen wir uns jeden Tag auseinandersetzen müssen, können uns maßlos werden lassen, weil wir immer noch etwas anderes und immer mehr haben könnten und möchten. Auch Jesus und die Ureltern wurden von außen (oder innen) versucht, indem ihnen Alternativen angeboten wurden.

Es geht immer darum, und das ist irgendwie die Last, die mit dem Menschsein verbunden ist, das Gute und das Richtige zu suchen und zu tun und sich von dem, was nur scheinbar gut ist oder wäre, nicht irritieren zu lassen.

Konzentration auf das Wesentlich: das richtige Maß finden

Das Prinzip, das diesen Versuchungen begegnen kann, ist Genügsamkeit oder Bescheidenheit. Die Versuchung entwickelt sich, wenn wir zu viel erwarten oder wollen. Genügsamkeit ist die Haltung, die mir sagt: „Ich habe genug mit dem, was ich habe oder bin." Das „immer mehr" und das „noch mehr" betrifft meistens das Mehr an Dingen und Möglichkeiten, die wir eigentlich nicht brauchen, die uns aber, wenn wir uns davon bestimmen lassen, stark in Anspruch nehmen und uns vom Wesentlichen und vom eigentlichen Ziel abbringen. Jesus hat in den Versuchungserfahrungen auf das Übermenschliche verzichtet. Maßlosigkeit drückt sich immer in unrealistischen Zielen und Erwartungen aus und kommt damit an das heran, was der Buddhismus Verblendung nennt und als Geistesgift bezeichnet.

Genügsamkeit entlastet und hilft, präsent zu sein, weil wir nicht immer nach dem schielen, was uns fehlt, was schön und leicht wäre. Genügsamkeit hat auch mit Respekt vor den anderen und der Umwelt zu tun: Ich will nicht mehr, als ich brauche und mir zusteht. Das Prinzip der Genügsamkeit ist eine Lebenseinstellung, die wir uns auch im Hinblick auf den Verbrauch der Ressourcen werden aneignen müssen. „All you need is less" (alles, was du brauchst, ist weniger) fordern Manfred Folkers und Niko Paech und meinen damit eine Kultur des Genug. Genügsamkeit und Bescheidenheit sind Haltungen oder Prinzipien, die ‚der' Grundversuchung des Menschen entgegenwirken, immer mehr sein, tun und haben zu wollen. Und es ist eine Verbindung zur letzten Bitte aus spiritueller Sicht: ‚Erlöse uns vom Bösen'. In der östlichen Psychologie ist die Gier die Ursache für das Böse, eine Art Grund- oder Urversuchung, die zum oder in das Böse führen kann. Das richtige Maß finden oder maßvoll sein, bewahrt den Menschen vor der Gier.

2.8. Sondern erlöse uns vom Bösen

Das Gebet Jesu wurde in einer Zeit und in einer Mentalität geschrieben, in der seelische Belastungen, körperliche Krankheiten und Unglück als Bedrohung durch das Böse oder den Bösen gedeutet wurden. Die Bitte um Bewahrung vor dem Bösen und die Zusage, dass dies schon geschehen ist, ist Trost und Zuspruch, die eine große Hilfe sind, mit dieser Bedrohung zu leben bzw. umzugehen.

Heute wird vielfach diskutiert, ob Jesus „das Böse" (poneros) personalisiert als „der Böse" gemeint haben könnte. Alle sprachlichen Untersuchungen und die Handschriften weisen aber in eine andere Richtung (Milton, 52). Jesus meint also eher nicht den Bösen, sondern das Böse in uns und um uns, dem wir ausgesetzt sind.

Gefährdung durch das Böse in uns

Jesus dürfte eine klare Vorstellung von der Entstehung des Bösen im Herzen des Menschen und die damit verbundene Verantwortung gehabt haben (Mt 15,10; Mk 7, 20-23): Ein schlechter Baum bringt schlechte Früchte (Mt 7, 17f.); wenn dein Auge böse ist, dann wird dein ganzer Leib finster sein (M7 6,23). Es gibt böse Menschen (Mt 5,39), böse Dinge (Mt 5,11) und böse Gedanken (Mt 9,15). Jesus hat das Böse auch im Sinn der Anfeindung und Ablehnung durch seine Gegner erfahren, diese gefährden die Entwicklung des Guten und des ausgesäten Wortes (Mt 13,19.38f.).

Die Bitte, ‚erlöse uns vom Bösen' bedeutet vor dem Hintergrund der jüdischen Mentalität und Spiritualität: „Bewahre uns vor dem ersten Schritt zum Bösen, der Planung, der Phantasie, Böses zu tun." (Milton, 63). Damit ist einerseits eine Einsicht in die Entstehung des Bösen geliefert, andererseits wird auf die Verantwortung des Menschen für die Entwicklung des Bösen verwiesen. Beides entspricht der Mentalität und Spiritualität Jesu besser als die eines (äußeren) Versuchers, der die Menschen zur Sünde verleitet[2].

Trotzdem oder gerade weil der Mensch in der Begegnung mit diesen Möglichkeiten auch seine Ohnmacht erfährt, ist der Beistand und die Gegenwart Gottes in der Erfahrung des Ausgesetztseins wichtig. „Erlöse/ bewahre uns von dem Bösen“, kann so auch als Erfüllung der vorausgehenden Bitte verstanden werden, uns vor der Versuchung / in der Versuchung zu bewahren.

Die letzten Bitten des Vaterunsers sind noch einmal ein Hinweis darauf, dass die Erfahrung der Güte und der Kraft des Vaters auch in den gefährlichen und dunklen Stellen des Lebens leuchtet. Es gibt keine Erfahrung und keinen Ort, der von der Gegenwart und von der Liebe des Vaters abgeschnitten ist, auch die Versuchung und auch das Böse nicht.

---

[2] Die Personalisierung des Übels ist einerseits eine Flucht aus der Verantwortung für das Böse. Sie hat andererseits mit der Eschatologisierung (Endzeit-Theorien) der Existenz des Menschen und des Kosmos zu tun, die u.a. eine Entwertung der Gegenwart mit sich bringt. Beides sind Arten der Verdrängung der Verantwortung für das Böse.

Wo der Mensch machtlos ist

Das Böse ist Teil der Welt und die Menschen begegnen ihm täglich. Die Bitte um Erlösung vom Bösen kann die Bitte um Abschwächung des Bösen enthalten, vor allem aber betrifft sie den Umgang mit dem Bösen. Luther hat dies sehr pragmatisch ausgedrückt: „Weltlicher Friede besteht darin, dass das Übel, das in Unruhe versetzt, verschwindet. Der rechte Frieden, der das Herz zufrieden macht, herrscht nicht dann, wenn kein Unglück vorhanden ist, sondern wenn das Herz mitten im Unglück mutiger und freudiger wird“ (Z. n. Barth, 190f).

Es ist die lange Erfahrung des Menschen, dass das Böse nicht aus der Welt zu schaffen ist. Wir müssen aber im Wissen, dass wir im Umgang mit dem Bösen nicht allein sind, mit ihm leben und umgehen. Das ‚uns‘ verweist wieder auf die gemeinsame Situation. Die Erfahrung des Bösen ist nicht nur die Folge meines Verhaltens, sondern es ist eine Vorgabe und eine Möglichkeit. Diese entwickeln sich einerseits durch die kollektive Schuld der Menschheit, andererseits ist das Böse im Herzen der Menschen und zwischen ihnen auch eine geheimnisvolle Macht, ein „unausweichlicher Feind, dem der Mensch ohne die Hilfe Gottes nicht widerstehen kann“ (K. Barth). Damit sind Sinn und Notwendigkeit der Bitte ausgedrückt. Das Böse ist auch ein

Geheimnis und eine Macht, der sich der Mensch ohne Hilfe und Nähe Gottes nicht aussetzen sollte.

Die Beterin, der Beter, die Gemeinden, wissen um diese Gefährdung, wenn sie beten: „Erlöse uns vom Bösen." Die Erlösungsbitte und die Erlösungsvorstellung sollen nicht verengen und beängstigen. Sie wollen bewusst machen, dass das Reich Gottes mitten in einer Welt entsteht und wächst, die vom Bösen (von Eigeninteressen, Lüge, Macht, Korruption, Sünden gegen die Umwelt) gefährdet ist.

Die Bitte um Erlösung vom Bösen kann auch verstanden werden als Bitte darum, dass wir auf das Böse weder defensiv noch aggressiv reagieren. Die Mechanismen der Verteidigung oder der Aggression in uns zu beobachten und gelassen mit ihnen umzugehen, schenkt uns letztendlich die ‚große Befreiung' (T. Suzuki). Ein großes Ziel der geistlichen Entwicklung ist es, die Schatten und das Böse ‚zu lassen' und ihm dadurch Aufmerksamkeit und Energie zu entziehen.

Aus der ABBA-Erfahrung ist in Jesus und seinen Jünger/Innen die Überzeugung gereift, dass das Gute mächtiger ist als das Böse, dass Konstruktivität Destruktivität überleben und aufheben wird und dass daraus ein gelassener Umgang mit dem Bösen und dem Unangenehmen möglich wird. Das ist die ermutigende Zusage, die der Beter des Vaterunsers in jedem achtsam und bewusst gebeteten Vaterunser erfährt.

Die Zusage, dass uns Gott auch in der Erfahrung und im Umgang mit dem Bösen nahe ist, lässt uns dem Bösen gegenüber irgendwie furchtloser werden. In wunderbarer Weise drückt dies der Prophet Jesaia aus: „Fürchte dich nicht, denn ich habe dich erlöst; ich habe dich bei deinem Namen gerufen; du bist mein!“ (Jesaia 43,1b). Somit darf die Beterin/der Beter aus der Bitte ‚und erlöse uns vom Bösen‘ entnehmen, dass sie/er im Leben behütet und aufgehoben ist, trotz des Bösen.

Erlöse uns vom Bösen: sich behütet / sicher wissen

Die letzte Bitte des Vaterunsers, ‚sondern erlöse uns vom Bösen‘, hebt sich über das ‚sondern‘ von der Versuchung ab. D.h. wenn wir vom Bösen bewahrt sind, können wir eher der Versuchung begegnen bzw. die Versuchung ist auch die Versuchung, Böses zu denken und zu tun. Es ist wichtig, das behütet sein nicht als Ergebnis moralische Leistung zu verstehen. Das Böse und die Bewahrung davor sind Wirklichkeiten, die größer sind als wir und in denen wir uns der Liebe, Sorge und Zuwendung des Vaters anvertrauen. Denn von dem Bösen kann man sich nicht selber befreien, sondern man muss sich von Gott befreien lassen. Die erfahrungshafte Erkenntnis, dass wir in Gott eigentlich alles haben und vor allem bewahrt sind, ist die Erlösung vom Bösen.

Das spirituelle Prinzip hinter dieser Bitte ist das Wissen, behütet oder bewahrt zu sein. „Der Herr behüte dich vor allem Bösen, er behüte dein Leben“ (Psalm 121,7), lesen wir in einem alten Segensspruch Israels.

Diesen Segen nimmt Jesus in sein Gebet als Zusage hinein. Das Prinzip oder die Überzeugung, bewahrt und behütet zu sein, letztlich sich sicher zu wissen, ist eine Entlastung und Befreiung. Das Wissen um diese Befreiung bewahrt uns vor der Sorge und der Versuchung, in einem Bereich zu kämpfen, der uns übersteigt, wo wir zu klein oder zu schwach sind. Sich von Gott im Gebet Jesu berühren zu lassen, stärkt die Gewissheit, im Ausgesetzt Sein gegenüber dem Bösen, das wir jeden Tag in vielen Formen erfahren, aufgefangen, sicher und bewahrt zu sein.

Kapitel III
Das Vaterunser als Achtsamkeitsübung

Hinführung

In diesem praktischen Teil verbinden wir nun das, was wir in den ersten zwei Kapiteln an Information zu den einzelnen Bitten des Vaterunsers gesammelt haben, je mit einem Prinzip spirituellen Lebens.

Der Ablauf, den ich vorschlage, lässt möglicherweise die Frage aufkommen: „Brauche ich das wirklich, um das Vaterunser beten zu können?"

Um es irgendwie, auch im üblichen traditionellen Sinn, beten zu können, brauchst du das alles sicher nicht. Um dich aber achtsam darauf einzulassen und es von innen her wahrzunehmen und wirken zu lassen, schon. Das hat vor allem damit zu tun, dass uns heute im Durchschnitt eine Reihe von religiösen Überzeugungen und Haltungen fehlen, die die Beter/innen des Vaterunsers über die Jahrhunderte hinweg hatten und die einer mehr und mehr säkularisierten Kultur abhandengekommen sind. Deshalb braucht der heutige Mensch Einführung und Einübung, die die spirituelle Sensibilität anregen und den Raum für achtsames Beten vorbereiten.

Voraussetzung und Geheimnis der vorgeschlagenen Übungen bestehen nur darin, sich auf die Vaterunser-Bitten und das jeweilige spirituelle Prinzip ganz achtsam und ganz aufmerksam einzulassen.

Vielleicht denkst du jetzt, das wäre ja nicht schwer. Wenn du aber einmal versuchst, nur eine Minute an etwas ganz Konkretes zu denken und ganz und gar nicht davon abzuweichen, wirst du sehen, dass dies nicht so einfach ist. Gleichzeitig ist ganz und gar mit etwas beschäftigt sein zu können das Geheimnis, in etwas ganz tief einzudringen bzw. von etwas ganz und gar ergriffen zu werden. Dies ist auch der Zustand höchster Produktivität. Wenn du deshalb über die hier vorgeschlagene Achtsamkeits- und Aufmerksamkeitsübung lernst, auch nur für kurze Zeit ganz bei etwas zu verweilen, wirst du dies auch auf andere Bereiche im Alltag übertragen können. Ganz achtsam und ganz aufmerksam zu sein ist Herausforderung und Verheißung. Wenn wir uns von den Bildern des Vaterunsers regelmäßig berühren und von den Prinzipien, die hinter den Bitten stehen, führen lassen, werden wir Schritt für Schritt in jenen Erfahrungsraum eintreten, den Jesus als Abba-Erfahrung erlebt und weitergegeben hat.

Die vorgeschlagene Achtsamkeitsübung dauert jeweils nicht mehr als fünf bis sieben Minuten. Trotzdem wird es zunächst und immer wieder einmal, je nachdem, wie es uns geht und womit wir gerade beschäftigt sind, nicht einfach sein, sich in dieser Zeit ganz dem Geschehen in uns zu widmen bzw. ganz und gar da zu sein und in diesen Minuten nichts anderes zu denken als an die jeweilige Bitte und das mit ihr verbundene Prinzip.

Wer mit einer bestimmten Regelmäßigkeit Achtsamkeitsübungen macht, weiß auch, wie schnell und leicht man die Aufmerksamkeit für etwas verliert. Wie schnell kommen Gedanken an das, was wir heute tun bzw. nicht vergessen sollten; was gestern war, gut oder schlecht gegangen ist, was wir tun oder sagen hätten müssen. All diese Ablenkungen sind normal, aber wir müssen sie als Ablenkungen erkennen und sie steuern, sonst steuern sie uns. Wie unhöfliche und aufdringliche Bittsteller dringen sie unaufhörlich auf uns und in uns ein und bestimmen das, was in unserem Bewusstsein abläuft. Diese Störungen abzuwenden, ist jedes Mal notwendig und befriedigend. Denn wenn wir die reine Aufmerksamkeit auf die Vaterunser-Bitte und auf das jeweilige Prinzip zu richten in der Lage sind, werden wir jedes Mal beschenkt.

Diese Zeit der Achtsamkeit ist nicht nur eine spirituelle Übung, sondern auch eine psychologisch existenzielle. Das, was sich im Inneren abspielt, für eine Zeit zu beruhigen, sich nicht davon bestimmen zu lassen und sich dafür ganz und gar etwas zuzuwenden, was wir jetzt möchten, entlastet und unterbricht den Strom der Hektik und des getrieben Seins, es bringt auf andere Gedanken und verbindet uns mit einer anderen Dimension des Lebens.

Bevor du mit der Übung beginnen kannst, solltest du dir drei Werkzeuge zurechtlegen und lernen, mit ihnen umzugehen, das sind: der innere Beobachter, eines von den Ankerbildern, die ich dir vorschlage, und eine Entspannungsübung, die ich im Anschluss vorstellen werde.

Disidentifikation und der innere Beobachter

Der erste Schritt der Übung der Achtsamkeit und Aufmerksamkeit ist das Erkennen und Beobachten der inneren Situation: dass wir ständig hin- und herspringen von einem Gedanken zum anderen und dass wir von einer Empfindung zur anderen wechseln. Diese Tatsache müssen wir zuerst beobachten und dann steuern bzw. beruhigen. Dazu sind einige Techniken hilfreich: die Disidentifikation oder die Entwicklung des inneren Beobachters und die Entwicklung eines Ankerbildes, das uns während der Übung vor Ablenkungen bewahrt und die Aufmerksamkeit bindet.

Um das zu steuern, was in unserem Inneren abläuft, hat man in den östlichen spirituellen Traditionen das Bild des inneren Beobachters entwickelt. Eine Instanz oder eine Erfahrung, die man lernen kann und die die Basis für jeden meditativen Weg ist. Wenn ich in der Lage bin, das, was im Inneren abläuft, neutral zu beobachten ohne Mitspieler/in zu sein, kann ich es lenken. Dafür muss ich eine Instanz entwickeln oder mir bewusst machen, die beobachtet: den/die innere/n Beobachter/in.

Für diese Technik gibt es auch einen westlichen Ableger. Die Psychosynthese von Roberto Assagioli hat dafür die Übung der Disidentifikation entwickelt. Sie geht davon aus, dass ich mehr und etwas anderes bin als das, was ich gerade erlebe. Ich erlebe mich z.B. als unruhig oder hektisch. Disidentifikation bedeutet: Ich bin nicht die Unruhe und die Hektik. Nur ein Teil in mir oder etwas in mir ist unruhig und hektisch, aber nicht mein ganzes Sein. Ich bin mehr und etwas anderes als die Unruhe und die Hektik und kann diese aus einer Distanz heraus beobachten. Oder ich spüre, dass ich besorgt oder ängstlich bin. Aber ich bin mehr und etwas anderes als die Sorge und die Angst. Diese Feststellung hilft, eine Distanz aufzubauen zwischen mir, der/die erlebt, und dem, was ich erlebe. Sich aus der Distanz, z.B. von oben zu beobachten, ist eine Hilfe, den inneren Beobachter zu erfahren und zu entwickeln.

Stell dir vor, du siehst die Situation, in der du jetzt bist, aus einer Höhe oder aus einer Distanz von zehn Metern. Das lässt den Beobachter entstehen, der neutral und ohne zu urteilen sieht, was geschieht. Und du spürst, dass der Beobachter/die Beobachterin, von dem, was er/sie sieht, nicht berührt oder bestimmt wird. Sich und das, was sich in uns tut, neutral beobachten zu können, ist eine der wichtigsten psychologischen und spirituellen Fähigkeiten. Und wenn du im Rahmen der Achtsamkeitsübung mit dem Vaterunser nur diese Übung lernst und trainierst, wirst du schon davon profitieren. Je öfter wir diese Übung machen, umso leichter werden wir uns in den Beobachter hineinversetzen und immer neutraler auf das schauen können, was in und außerhalb von uns abläuft.

Eine andere Hilfe der Sammlung ist die Vorstellung eines Punktscheinwerfers. Wenn du in der Nacht den Punktscheinwerfer auf etwas richtest, wird alles, was nicht angestrahlt wird, von der optischen Wahrnehmung ausgeschlossen, weil du es nicht sehen kannst. So kannst du dir vorstellen, im Lauf der Übung nur eine bestimmte Szene auszuleuchten und den Rest deines momentanen Erlebens nicht wahrzunehmen,

Wenn sich unsere Wahrnehmung auf eine Situation konzentrieren kann, kann sie beobachten, was passiert und Aufmerksamkeit und Achtsamkeit lenken. Solange wir uns mit unserer Erfahrung identifizieren, können wir unsere Wahrnehmung nicht kritisch beobachten und auch nicht steuern. Wir können nicht entscheiden, worauf wir uns einlassen bzw. womit wir uns beschäftigen wollen, weil unsere Wahrnehmung Teil des Erlebens ist. Es ist wie, wenn ich mit einer Kamera den Wellengang festhalten will. Solange die Linse im Wasser ist, wird sie nur das Wasser und nicht den Wellengang aufnehmen können. Wenn wir keine Distanz zum gegenwärtigen Erleben haben, identifizieren wir uns mit dem, was geschieht, wir meinen, es ist alles davon bestimmt. Die Linse, mit der wir uns sehen, ist praktisch von dem belegt, was gerade abläuft, sie ist gleichsam Teil der Strömung, in der wir uns befinden, und kann diese nicht von außen, neutral und objektiv wahrnehmen.

In dem Moment, in dem der innere Beobachter aktiv wird, erhebt sich die Kamera aus der Strömung der Erfahrung heraus, die Linse wird klar und rein, wir sehen von außen oder oben, was passiert, und können unterscheiden zwischen dem, was wir sehen, und dem, was wir sind, zwischen Beobachtetem und Beobachter/in.

Achtsamkeit ist also die Fähigkeit, das, was geschieht, was wir erleben und denken, ohne Urteil und Intervention beobachten zu können: „Nur beobachten und sonst nichts: das ist Achtsamkeit und Aufmerksamkeit.“ Die Achtsamkeitsübung mit dem Vaterunser ist die Einladung, den inneren Beobachter zu aktivieren und während der Übung aktiv zu lassen, dass er uns vor Ablenkung und Zerstreuung schützt und unsere Aufmerksamkeit, wie ein Punktscheinwerfer, ganz auf das lenkt, was wir gerade denken, tun und fühlen.

Während der Übung mit dem Vaterunser ist es außerdem wichtig, sich einen Anker zuzulegen, der uns hilft, bei der Übung zu bleiben. Die Übung besteht wirklich nur daraus, sich ganz achtsam und aufmerksam von den Bildern und Gedanken des Vaterunsers berühren zu lassen und sich von den Prinzipien führen zu lassen.

Die Macht der Ablenkung und die Versuchung, sich doch wieder zu verlieren im Strom von Alltag, Plänen und Sorgen, ist stark. Oft nehmen wir es schnell, oft erst irgendwann wahr, dass wir uns wieder verloren haben und unser Geist sich mit etwas anderem beschäftigt als mit der Übung. Das ist normal und wird immer wieder geschehen. Lass dich davon nicht entmutigen. Rückschläge, Verirrungen während der Übung und das ‚ach, jetzt war ich wieder ganz woanders' sind wirklich normal. Die Übung der Achtsamkeit ist wirklich eine Übung und das heißt, dass man nicht perfekt ist, wohl aber perfekter wird, wenn man dranbleibt.

Simone Weil hat genau das mit dem Vaterunser gemacht. Immer dann, wenn sie auch nur im geringsten Maße abgeglitten ist, hat sie von Neuem mit der Rezitation des Vaterunsers begonnen und so lange geübt, bis sie das Vaterunser mit ganzer Achtsamkeit und Aufmerksamkeit durchgegangen war.

Versuche das am Anfang nicht unbedingt, wenn du an diesem Tag noch etwas anderes vorhast.

Die Verwendung eines Ankerbildes ist ein wichtiger Teil der Übung. Das Ankerbild hat im Zusammenhang mit der Vaterunser-Übung eine doppelte Funktion. Ein Ankerbild hilft uns einmal, bei der Übung zu bleiben. Gedanken fließen und verändern sich, ein Ankerbild kann unsere Aufmerksamkeit anziehen und halten und es bietet eine Kontrolle: ‚Schaue ich noch in das Bild?'

Die zweite Funktion ist wahrscheinlich die noch wichtigere. Bilder können uns mit der Transzendenz verbinden. Wir können das Mysterium, das Göttliche, die Transzendenz nicht über Gedanken und Worte erfassen, sondern uns schlussendlich nur von Bildern oder Symbolen berühren lassen, die es auszudrücken. Louis Dupré hat dies in ‚Symbole des Heiligen' beschrieben (Dupré, 76-84). Auch C. G. behauptet, dass die Transzendenz nicht direkt, sondern nur indirekt über Symbole, Mythen und Riten erfahren und deshalb auch darüber gesucht werden kann.

In der Psychosynthese wird der Kontaktpunkt zur Transzendenz ‚Höheres Selbst' genannt. Um mit diesem Kontaktpunkt in Berührung zu kommen, hat die Psychosynthese Bilder, Symbole oder Ankerbilder entwickelt, die den Kontakt mit dem ‚Höheren Selbst' anregen und ausdrücken. Solche Bilder sind z.B. die (aufgehende, am Zenit stehende oder untergehende) Sonne, eine Flamme oder eine Quelle.

Ohne eine voreilige oder unkritische Verbindung zwischen der jüdisch christlichen Symbolik und der Transpersonalen Psychologie im Allgemeinen und der Psychosynthese im Besonderen herstellen zu wollen, können wir sagen, dass Gott in der Bibel auch immer wieder mit diesen Symbolen beschrieben wird: als Sonne oder Licht (Psalm 84,11 Gott der HERR ist Sonne und Schild); als Flamme, in der Gott sich Mose im brennenden Dornbusch offenbart hat (2 Mose 3,2-5); und auch die Quelle ist eine übliche Form, die Wirkung des Göttlichen zu beschreiben (Psalm 36,10).

Symbole und Bilder bringen uns also eher in Kontakt mit dem Geheimnis, der Transzendenz oder dem Göttlichen, als Worte. Das ist die lange Erfahrung und die Geschichte der Versuche, Wege und Kanäle für das Göttliche zu erschließen, die sich in der religiösen Kunst, in der Architektur und in den spirituellen Wegen niedergeschlagen haben.

So ist das Ankerbild, für das du dich in der Übung der Achtsamkeit mit dem Vaterunser entscheidest, auch ein Kanal oder ein Weg, der dich unbewusst mit dem Geheimnis Gottes verbindet. Das Ankerbild steht für die Gegenwart und die Wirkung des Göttlichen.

Piero Ferrucci (1986) hat für die Kontaktaufnahme mit dem ‚Höheren Selbst', folgende Übungen mit Ankerbildern entwickelt.

Die Sonne

Stell dir vor, dass du in der Morgendämmerung am Strand stehst. Das Meer ist fast bewegungslos, während die letzten hellen Sterne am Himmel verblassen. Spür die frische und klare Luft. Beobachte das Wasser, die Sterne, den noch dunklen Himmel.

Lass dir etwas Zeit, die Stille vor dem Sonnenaufgang zu erleben, diese besondere Ruhe, die alle Möglichkeiten birgt.

Langsam beginnt die Dunkelheit zu weichen und die Farben ändern sich. Der Himmel über dem Horizont wird zuerst rot, dann golden. Die ersten Strahlen der Sonne erreichen dich und du siehst, wie die Sonne allmählich über dem Wasser emporsteigt.

Die Sonne hat sich jetzt wie eine Scheibe halb aus dem Wasser gehoben, halb liegt sie noch unter dem Horizont. Dadurch bildet sie auf dem Wasser eine Bahn goldenen, glänzenden Lichtes zu dir.

Das Licht um dich herum wird immer mehr und heller. Du fühlst dich wohlig geborgen in goldenem Licht, das deinen Körper völlig durchdringt.

Ähnlich kann man sich auch den Sonnenuntergang vorstellen, wenn dich das mehr anspricht: Die letzten Strahlen der Sonne leuchten golden auf dein

Gesicht und durchströmen dich ganz und gar mit ihrer Kraft und ihrer Güte.

So ähnlich kann man sich auch die Sonne am Zenit vorstellen, die die ganze Erde erhellt und erwärmt. Stell dir vor, unter diesem großen und hellen Licht zu stehen und davon berührt und erwärmt zu sein. Spüre etwas von der Helligkeit und Kraft der Sonne am Höhepunkt ihres Laufes.

Die Flamme

Stell dir eine Flamme vor. Beobachte, wie sie tanzt und ständig sich verändernde Formen zeichnet. Schaue in sie hinein und nimm ihre feurige Qualität wahr.

Während du die Flamme in deiner Vorstellung siehst, spüre, wofür die Flamme stehen kann: persönliche Wärme, Ausstrahlung, brennende Liebe oder strahlende Freude, feurige Begeisterung, glühende Hingabe.

Schließlich, während du das Bild der Flamme weiterhin vor deinem inneren Auge erhältst, stell dir vor, dass du durch dieses Feuer langsam beseelt wirst, dass du selber zu dieser Flamme wirst.

Die Quelle

Stell dir eine Quelle vor, die aus Granitgestein entspringt. Du siehst, wie das klare Wasser in der Sonne sprudelt und glitzert, und du hörst das Plätschern in der stillen Umgebung. Du erlebst das

Außergewöhnliche dieses Ortes, wo alles viel klarer, reiner und oder wesentlicher ist. (…)

Stell dir vor, dass das Wasser die Kraft hat, durch jede einzelne Körperzelle zu strömen. Stell dir auch vor, dass das Wasser durch die unendliche Vielfalt deiner Gefühle strömt, deine Gedanken durchfließt. Es ist, als würde das Wasser dich von allem reinigen, was dich tagtäglich belastet — Frustrationen, Sorgen, Schmerzen, Enttäuschungen, Gedanken aller Art.

Allmählich erlebst du, wie die Reinheit dieser Quelle deine eigene wird, wie die Kraft dieser Quelle zu deiner Kraft wird.

Normalerweise ist es leicht, diese Bilder im Inneren entstehen zu lassen und zu halten. Diese Bilder haben eine von der Kultur unabhängige Kraft, uns in Kontakt mit der Transzendenz zu bringen. Du kannst natürlich auch andere Ankerbilder aus der Natur verwenden, wenn sie dir helfen, konzentriert zu bleiben und symbolisch den Kontakt zum Göttlichen herstellen.

Entspannungsübungen

Ich schlage hier einige Einstimmungsübungen vor, die aus der Tradition der Achtsamkeit kommen. Sie helfen relativ einfach und schnell, von dem, was wir gerade denken, fühlen oder tun, Abstand zu gewinnen und die Aufmerksamkeit von außen nach innen und von der Hektik in die Ruhe zu bringen. Dadurch schaffen sie eine Grundvoraussetzung achtsamen und aufmerksamen Betens.

Wähle eine der folgenden Einstimmungsübungen als Teil und Einübung in das achtsame Beten aus. Natürlich kannst du alle Übungen eine Zeit lang ausprobieren und dann bei der bleiben, die dir am meisten zusagt. Du kannst auch irgendeine andere kurze Einstimmungsübung verwenden. Hilfreich ist, bei einer Form der Einstimmung zu bleiben, weil die Übungen einen Automatisierungseffekt haben und desto wirksamer werden, je öfter wir sie anwenden.

Den Geist zur Ruhe bringen

Setze oder stelle dich ruhig, aufrecht und entspannt hin und richte deine Aufmerksamkeit auf den Fluss des Atems, ohne ihn zu beeinflussen: Beobachte die Luft, die durch die Nasenlöcher strömt, die sanfte Kühle, das sanfte Strömen an den inneren Wänden der Nasenlöcher; wie der Atem ein und ausströmt … Schließe die Augen und beobachte weiterhin den Strom des Atems; atme so einige male ein und aus … Oder beobachte und spüre das sanfte Heben und Senken des Bauches, das der Strom des Atems auslöst. Atme so einige Male ein und aus.

Natürlich werden Gedanken in dein Bewusstsein treten. Benutze deine Gedanken als Objekt zur Entspannung oder Meditation. Nimm sie einfach an und benenne die Gedanken oder Gefühle. Zum Beispiel als Hunger, Schmerz, Müdigkeit, Hektik oder Stress u.s.w..

Bringe deine Aufmerksamkeit zurück zum Atem. Durch das einfache Wahrnehmen und Benennen verliert der Gedanke an Macht. Widerstehe dem Gedanken nicht, denn Widerstand bedeutet Verharren. Druck und Spannung entwickeln sich, wenn wir Gedanken oder Gefühle verjagen oder bekämpfen wolle, auch dadurch gewinnen sie Aufmerksamkeit: Benennen und Loslassen ist eine bessere Strategie, sich nicht mehr mit ihnen zu beschäftigen, mindestens für die Zeit der Übung.

Wenn der Geist ruhig ist, ist auch der Körper ruhig. Ist der Körper ruhig, ist es auch der Geist. Den Geist zur Ruhe zu bringen, ist eine der grundlegendsten Methoden, entspannt und friedlich zu sein (vgl. Braza, 59).

Atemraumübung nach Doris Kirch

Setze oder stelle dich aufrecht und aufgerichtet, aber entspannt hin. Schließe die Augen und werde dir der gegenwärtigen Erfahrung bzw. des gegenwärtigen Erlebens bewusst: in deinem Körper (ist irgendwo Spannung, Schmerz, Unbehagen?), in deinen Gedanken und deinen Gefühlen: Beobachte nur, nimm nur wahr, ohne etwas verändern zu wollen. Verweile im Modus des heilsamen Beobachtens.

Lass nun die Wahrnehmung der Gedanken, Emotionen und Körperempfindungen in den Hintergrund treten und richte die Aufmerksamkeit dorthin, wo du im Moment deinen Atem im Körper am deutlichsten fühlen kannst. Und halte dich dort auf. Sammle dich nun um dein Atmen herum, bringe den Geist „nach Hause“. Beobachte, welche Bewegungen und Empfindungen der ein- und ausströmende Atem im Körper erzeugt. Beeinflusse den Atem nicht, beobachte ohne Absicht, lass einfach zu, geatmet zu werden. Wenn du dich verlierst, dich dabei ertappst, dass du irgendwo anders bist, so macht das nichts: Bring deine Aufmerksamkeit sanft und geduldig zur Beobachtung des Atems zurück. Tue nichts, außer zu atmen.

Öffne dich nun der Ganzheit der Erfahrung des gegenwärtigen Moments. Weite dein Bewusstsein vom Atem auf deinen ganzen Körper aus. Spüre den gesamten Körper; beziehe alles mit ein und spüre, wie dein ganzer Körper vom Ein- und Ausströmen des Atmens berührt und beruhigt wird. Wenn sich deine Gedanken dabei verlieren, auf Unbehagen oder Widerstände stoßen, bringe den Fokus direkt dorthin und atme absichtslos in den jeweiligen

Bereich hinein. Nichts erzwingen, einfach atmen und zulassen und dabei weit und weich zu werden. (vgl. www.dfme-achtsamkeit.de).

Bodyscan, im Hier und Jetzt und ganz bei sich sein

Setze oder stelle dich aufrecht und aufgerichtet, aber entspannt, hin. Schließe deine Augen und geh mit deiner Aufmerksamkeit und Wahrnehmung von außen nach innen; spüre diesen Perspektivenwechsel ganz bewusst. Mach einige tiefe und ruhige Atemzüge, beobachte deinen Atem und spüre, wie du bei jedem Ausatmen ruhiger und entspannter wirst.

Atme dann tief ein und stell dir beim Ausatmen die Zahl 3 vor. Stell dir dazu vor, wie eine Welle der Entspannung durch deinen ganzen Körper fließt. Ausgehend vom Scheitel, durch und über den Kopf ... die Stirn, die Wangen, den Mund und die Kehle – den Hinterkopf und den Hals; den Nacken, die Schultern, Ober- und Unterarme und die Hände; den Rücken, die Brust, den Bauch, Leib und Unterleib, Ober- und Unterschenkel und die Füße. Spüre ganz deutlich, wie alles von dieser Welle durchströmt wird und wie die einzelnen Bereiche angenehm warm und entspannt werden ... Während du ruhig weiteratmest, gehe in deiner Fantasie diesen Weg noch einmal durch und spüre die Wärme, die

Entspannung und das Wohlsein, welche diese Welle auslöst, und genieße dieses Gefühl.

Atme wieder tief und langsam ein und beim Ausatmen stellst du dir die Zahl 2 vor. Mit dieser Zahl verbindest du den Gedanken und das Gefühl der Anwesenheit im Hier und Jetzt, an diesem Ort und in diesem Augenblick. Was war, ist eigentlich nicht mehr, ist abgeschlossen. Was später kommt, ist noch nicht da und wird warten. Im Hier und Jetzt ist dein Geist präsent, klar und stark und kann sich mit dem verbinden, was gerade geschieht. Genieße dieses Gefühl der Gegenwart für einige Atemzüge.

Atme noch einmal tief und langsam ein und beim Ausatmen stellst du dir die Zahl 1 vor. Eins steht für Einheit. Mit dieser Zahl verbindest du den Gedanken und das Gefühl für die Verbindung deiner Höhe und deiner Tiefe, deiner Vergangenheit und deiner Zukunft, was geworden ist und was sich entwickeln kann; nimm einen Ort wahr, wo sich diese Dimensionen begegnen und eins werden. Genieße dieses Gefühl der Gegenwart und der Tiefe eine Zeit lang.

Den Puls im ganzen Körper spüren: eine Übung aus dem BreathWalk

Stehe oder sitze aufrecht und ertaste deinen Puls, indem du die Fingerspitzen der rechten Hand etwa 5 cm vom linken Daumen entfernt unter das linke

Handgelenk legst. Drücke gerade so fest, dass du deinen Puls wahrnehmen kannst. Schließ die Augen und konzentriere dich auf den Puls. Der Atem wird dabei sehr langsam und meditativ. Dehne die Wahrnehmung des Pulses aus, bis du ihn in deinen Fingern, Händen, im Oberkörper und schließlich im ganzen Körper spürst. Fokussiere dich vollständig auf den gegenwärtigen Moment und den Pulsrhythmus. Lass den Atem langsamer werden, während du deinen Pulsschlag im ganzen Körper spürst. (Hanka & Khalsa, 175)

Das Atemgebet aus der islamischen Tradition

Knie dich auf einer weichen Unterlage bequem hin. Mit dem Einatmen hebe die Hände nach oben und halte sie mit angehaltenem Atem für wenige Augenblicke oben. Atme langsam aus und führe die Hände dabei von oben nach vorne, bis die Handflächen und die Stirn den Boden berühren, und halte den Atem wenige Augenblicke an. Mit dem Beginn des Einatmens führe Hände und Stirn wieder nach oben, halte, wenn die Hände oben sind, den Atem für einige Augenblicke an und beuge dich beim Ausatmen wieder nach vorne, bis Hände und Stirn den Boden berühren. Du kannst diese Übung fünfmal wiederholen und beobachten, wie du beim Ausatmen mehr und mehr seinlassen und loslassen kannst

(Hofmann, 77f) und der Geist offen und bereit wird, sich auf das Gebet einzulassen

Die Übung der Achtsamkeit

Nachdem wir nun die Werkzeuge für die Übung beschrieben haben, gehen wir die einzelnen Elemente der Übung Schritt für Schritt durch. Die Übung der Achtsamkeit mit dem Vaterunser besteht aus folgenden Teilen:

- Einstimmung und Ankerbild
- Achtsame Rezitation des Vaterunsers
- Ausstieg / Abschluss

1) Einstimmung und Ankerbild

Führe eine Einstimmungsübung durch, schließ die Augen und lass ein Ankerbild vor deinem inneren Auge entstehen. Spüre die Wirkung der Entspannung und lass das Ankerbild immer klarer und wirksamer werden.

Über das Bild stellst du einen Bezug zur Transzendenz, zum Göttlichen, zum Abba, her. Halte diesen Bezug während der ganzen Übung ganz achtsam und bewusst. Über das Bild entsteht der Bezug, die Ansprache, der Kontakt. Über das ausgewählte Ankerbild sprichst du Gott, das Göttliche, Abba, die Transzendenz an und bleibst über das Bild im Kontakt. Er ist der Ansprechpartner, der Angeredete, der Gemeinte: Vater unser, dein Name, dein Reich, dein Wille, gib (du) uns unser tägliches Brot; vergib (du) uns unsere Schuld, verlass (du) uns nicht in der Versuchung, erlöse (du) uns vom Bösen.

2) Die achtsame Rezitation des Vaterunsers

Atme nach der Einstimmung und der Entwicklung des Ankerbildes etwa dreimal ein und aus und sage innerlich die Worte:

„Vater unser im Himmel – Güte in allem Sein"

In allem, was lebt, pulsieren die Güte und das Wohlwollen des Seins. Die Welt und das ganze Leben sind von dieser Güte des Vaters getragen und inspiriert … Lass dich auf das Prinzip und die Anrede ganz ein. Lass sie dich berühren, ohne etwas zu wollen oder zu tun; nur zulassen, beobachten, wahrnehmen, geschehen lassen.

Atme etwa dreimal ein und aus und höre dabei innerlich ‚Vater unser im Himmel… Güte in allem Sein' und wende dich dann der nächsten Bitte zu.

„Geheiligt werde dein Name – ganz da sein und leer sein“

Sprich innerlich diese Bitte und das spirituelle Prinzip aus. Lass dich ganz von dieser Aussage berühren, ‚Geheiligt werde dein Name ... ganz da und leer sein‘. Leer sein drückt aus, dass du nichts brauchst, willst oder suchst. Dasein, präsent sein, im Hier und Jetzt sein, ist ein zentrales spirituelles Prinzip. Wenn wir nur und ganz da sind, sind wir frei von allem, von Erwartungen, Wünschen, Plänen und Erinnerungen. In diesem Da- und Freisein heiligt uns der Vater.

Lass dich von diesem Gedanken und vom spirituellen Prinzip berühren, ohne etwas zu wollen oder zu tun; nur zulassen, beobachten, wahrnehmen, geschehen lassen. Atme etwa dreimal ein und aus und wende dich dann der nächsten Bitte zu.

„Dein Reich komme – warten (können)“

Sprich innerlich diese Bitte und das spirituelle Prinzip aus: ‚Dein Reich komme – warten (können)‘. Lass dich auf die Vaterunser-Bitte und das Prinzip ganz ein. Wir leben in einer hektischen Zeit: Alles muss schnell gehen. Offenbar kann und will niemand warten. Warten ist aber das Prinzip, über das wir Gott begegnen: Wenn wir auf ihn warten, kommt er zu uns und tritt bei uns ein. Wenn wir nie zu Hause sind oder ihm immer davonlaufen, kann er uns nicht treffen, uns nicht begegnen, uns nicht berühren. Lass dich von der Vaterunser-Bitte und dem Prinzip berühren, ohne etwas zu wollen oder zu tun; nur zulassen, beobachten, wahrnehmen, geschehen lassen. Atme etwa dreimal ein und aus und wende dich dann der nächsten Bitte zu.

„Dein Wille geschehe, wie im Himmel, so auf Erden – zulassen"

Lass dich auf die Bitte ‚dein Wille geschehe, wie im Himmel so auf Erden' und das Prinzip ‚zulassen' ganz ein. Möglichst viel im Leben kontrollieren zu können, ist eine große menschliche Versuchung; möglichst viel lassen oder loslassen zu können, eine der größten menschlichen Weisheiten. ‚Wer nur einen Augenblick sich und alles, was zu ihm gehört, lassen könnte, dem würde alles geschenkt' (Meister Eckhart). Lass dich von den Worten, ‚dein Wille geschehe, wie im Himmel, so auf Erden' und vom Prinzip ‚loslassen' berühren, ohne etwas zu wollen oder zu tun; nur zulassen, beobachten, wahrnehmen, geschehen lassen. Atme etwa dreimal ein und aus und wende dich dann der nächsten Bitte zu.

„Unser tägliches Brot gib uns heute – empfangen und teilen“

Lass dich auf die Vaterunser-Bitte ‚unser tägliches Brot gib uns heute‘ und das Prinzip ‚empfangen und teilen‘ ganz ein. In den wesentlichen Bereichen des Lebens, in der Liebe, aber auch im geheimen Fluss des Lebens, dürfen wir nicht nehmen, sondern nur empfangen, mit offenen Händen und Herzen. Wer empfängt, bleibt für das Ganze und die Fülle offen; wer nimmt, dessen Blick verengt sich auf das, was er oder sie will. Und empfangen heißt, wir werden nicht Besitzer, sondern bleiben Empfänger der Gabe und deshalb können und müssen wir teilen. Teilen verstärkt das Empfangen. Wer das Empfangene als Gabe versteht, hortet es nicht, sondern lässt es los. Dadurch wird er/sie frei und offen für neue Gaben. Und er/sie wird frei, mit denen zu teilen, die weniger oder nichts haben. Empfangen und teilen macht uns zur Brunnenschale, die weitergibt, was sie nicht braucht oder halten kann. Lass dich berühren, ohne etwas zu wollen oder zu tun; nur zulassen, beobachten, wahrnehmen, geschehen lassen. Atme etwa dreimal ein und aus und wende dich dann der nächsten Bitte zu.

„Vergib uns unsere Schuld, wie auch wir vergeben unseren Schuldigern – loslassen“

Sprich innerlich die neue Vaterunser-Bitte: „Vergib uns unsere Schuld, wie auch wir vergeben unseren Schuldigern – und das Spirituelle Prinzip loslassen“.

Schuld, Fehler, Belastendes loslassen zu können, ist eine Haltung, die wir immer wieder aktualisieren müssen und dürfen. Gutes und Schlechtes, Erfolge und Scheitern, sind wie die Blätter und Früchte eines Baumes. Blätter und Früchte der vergangenen Jahre sind weit weg und die Blüte oder die Ernte bzw. das Fallen des Laubes erinnert in nichts an die Früchte und die Blätter der vergangenen Jahre. Wir dürfen Gott zutrauen, dass er alle Frucht und alles Laub unserer Geschichte wegräumt und in seinen großen Plan integriert. Wie wir unsere Schuld und unser Versagen loslassen können, so können wir auch das Unrecht, das uns geschehen ist, sein- und loslassen. Dieses doppelte Loslassen, das Loslassen unserer Fehler und Sünden und jene der anderen uns gegenüber, ist eine große Befreiung, die uns jedes Mal geschenkt ist, wenn wir uns unter diese Bitte und Zusage stellen. ‚Vergib uns unsere Schuld, wie auch wir vergeben unseren Schuldigern – loslassen‘. Lass dich berühren, ohne etwas zu wollen oder zu tun; nur zulassen, beobachten, wahrnehmen, geschehen lassen. Atme etwa dreimal ein und aus und wende dich dann der nächsten Bitte zu.

„Verlass uns nicht in der Versuchung – genügsam sein“

Sprich innerlich die neue Vaterunser-Bitte und das spirituelle Prinzip „verlass uns nicht in der Versuchung – genügsam sein“. Genügsam sein befreit uns davon, mehr haben oder sein zu wollen, als wir sind. Wir brauchen wirklich nicht viel, am meisten wahrscheinlich die Befreiung vom Überfluss (Paech) – „alles, was du brauchst, ist weniger“. Die Versuchung ist, das Leben nicht so zu sehen, wie es ist, sondern so, wie man es möchte; die inneren Abläufe und Bedingungen des Lebens zu überspielen oder zu übertünchen, damit man nicht sieht, worauf es wirklich ankommt, und erkennt, was man braucht. Immer mehr zu wollen, lenkt uns ab vom Wesentlichen und lässt uns ständig an das denken, was wir nicht haben oder was wir möchten. „Verlass uns nicht in der Versuchung – genügsam sein“. Lass dich von der Bitte und vom spirituellen Prinzip berühren, ohne etwas zu wollen oder zu tun; nur zulassen, beobachten, wahrnehmen, geschehen lassen. Atme etwa dreimal ein und aus und wende dich dann der letzten Bitte des Vaterunsers zu.

„Erlöse uns vom Bösen – behütet sein“

Sprich innerlich die Vaterunser-Bitte und das damit verbundene spirituelle Prinzip: „Erlöse uns vom Bösen – behütet sein“.

Zu wissen, dass wir von einer guten Macht und Güte begleitet sind, entlastet und schenkt Vertrauen und Mut. Die letzte Bitte stellt die Verbindung zur Anrufung „Vater unser im Himmel – Güte in allem sein“ her. Wir brauchen nicht immer und überall Gefahr und Bedrohliches zu vermuten oder anzunehmen. Wir dürfen annehmen, dass wir behütet, getragen und begleitet sind von der Güte des Vaters. Das erlöst uns, macht uns frei und mutig. „Fürchte dich nicht, denn ich habe dich ausgelöst, / ich habe dich beim Namen gerufen, / du gehörst mir (Jesaia 43,1). Diese Zusage darf mein Leben immer weiter und tiefer bestimmen. ‚Erlöse uns vom Bösen – behütet sein‘. Lass dich berühren, ohne etwas zu wollen oder zu tun; nur zulassen, beobachten, wahrnehmen, geschehen lassen. Atme etwa dreimal ein und aus und sprich innerlich: „Denn dein ist das Reich und die Kraft und die Herrlichkeit in Ewigkeit. Amen.“

Ausstieg – Abschluss

Wenn du den Vaterunser- Zusatz „denn dein ist das Reich und die Kraft und die Herrlichkeit in Ewigkeit. Amen“, der ursprünglich wohl nicht zum Vaterunser gehörte, nicht verwenden willst, atme nach „erlöse uns vom Bösen – behütet sein“ noch etwa fünfmal ruhig ein und aus und bleib dabei noch ganz bei dir. Lass das Ankerbild los, richte deine Aufmerksamkeit von innen nach außen und öffne deine Augen. Mach eine Verneigung oder das Kreuzzeichen und lass noch ein kleines Zeitpolster zwischen der Übung und der Arbeit oder der Aufgabe, der du dich nun zuwenden wirst. Sei noch einen Moment still, spüre nach innen, nimm wahr, was die Übung in dir ausgelöst hat.

Alternativ zu dieser Kombination kannst du die Übung nur mit den Vaterunser-Bitten oder nur mit den Prinzipien machen. D. h., du machst die Vorbereitung und gehst dann nur die Vaterunser-Bitten bzw. nur die Prinzipien durch. Mit ganzer Achtsamkeit und Aufmerksamkeit. Dies kann eine Abwechslung sein und die Wahrnehmung der Themen der Bitten bzw. der Prinzipien vertiefen. Grundsätzlich aber halte ich die Verbindung Vaterunser-Bitten – Prinzipien als sinnvoller und für die geistliche Entwicklung wirksamer.

Wenn du diese Übung einmal, zwei- oder dreimal am Tag mit einer bestimmten Regelmäßigkeit machst, werden die Bilder des Vaterunsers und die Prinzipien, die damit verbunden sind, deine Lebenseinstellungen verändern. Jesus verwendet diese Bilder, um Menschen in Kontakt zu bringen mit der anderen Welt, dem Himmel: dem, wo wir herkommen; dem, in dem wir unbewusst verankert sind; dem, wonach sich unser Herz zutiefst sehnt; dem, wo unser wahres Zuhause ist und wohin wir auf dem Weg sind.

Aber die Übung ist eben auch eine Übung der Achtsamkeit und wird sich auch als solche langsam, langsam auf die verschiedenen Lebens- und Arbeitsfelder übertragen und dir helfen, achtsam und aufmerksam zu sein: bei Gesprächen, bei der Arbeit, in den Beziehungen und in der Freizeit. Das ist neben der religiösen oder spirituellen Entfaltung, die diese Übung auslösen wird, ein kostbarer Nebeneffekt.

Verzeichnis der verwendeten Literatur

Aarden v. Andries, The carpenters son (Mt 13,55) Joseph and Jesus in the Gospel of Matthew and other texts. In: Neotestamentica 34, (1), 2000, 173-190.

Barth H. M., Das Vaterunser. Inspiration zwischen Religion und säkularer Welt. Gütersloher Verlagshaus, Gütersloh 2016.

Blommestijn H., The mystical realisme of Simone Weil, in: Studies in Spirituality, 16, 2006, 181-203.

Braza J., Achtsamkeit - leben im Augenblick. Fischer Taschenbuch. Frankfurt a. M. 2001

Brown R., The Pater Noster as an eschatological prayer, in: Theological Studies, 22, 2, Jun 1961, 175-208.

Bundesministerium für Ernährung und Landwirtschaft, Welternährung verstehen: Fakten und Hintergründe, Berlin 2018

Burnett R., Mindfulness in secondary schools: learning lessons from the adults, secular and Buddhist, in: Buddhist Studies Review, 28, 1, 2011, p 79-120.

Clark, David A., From Jewish prayer to Christian ritual: early interpretations of the Lord's prayer. PhD thesis, University of Nottingham, 2014

Covey S. R., Die sieben Wege zur Effektivität. Ein Konzept zur Meisterung Ihres beruflichen und privaten Lebens. Campus Verlag. Frankfurt a.M. 1998

Covey S. R., Seine Weisheiten und Prinzipien. Gabal, Offenbach 2013
Didukh M.L., Die Besonderheiten der Vorstellungen über Basisarchetypen im Kontext der ethnischen Individuation. Fundamental and Applied Researches, in: Practice of Leading Scientific Schools, 4(16), 42-51.
Dupré L., Symbole des Heiligen. Die Botschaft der Transzendenz in Sprache, Bild und Ritus. Herder. Freiburg 2007
Escher D., How does Religion Promote Forgiveness? Linking Beliefs, Orientations, and Practices, in: Journal for the Scientific Study of Religion, 2013, 100 – 119).
Ferrucci P., Werde was du bist. Selbstverwirklichung durch Psychosynthese. Rowohlt Taschenbuch. Reinbek 1986.
Fitzmayer J., The Aramaic language and the study of the New Testament, in: Journal of Biblical Literature, 99 no 1 Mar 1980, p 5-21.
Fredrich J., The Lord's Prayer: exegesis of Matthew 6:9-13 and Luke 11:2-4, in: Wisconsin Lutheran Quarterly, 107 no 4 Fall 2010, p 247-283.
Fromm E., Die Kunst des Liebens. Deutsche Verlagsanstalt, Stuttgart 1980.
Hanka S. & Singh Khalsa, Breathwalk, Schritt für Schritt. Praxisbuch Yoga-Walking, VAK Verlag, Kirchzarten 2008.

Hofmann C., Achtsamkeit. Anregungen für ein sinnvolles Leben. Dtv München 2004.
Kather R., Aufmerksamkeit. Ein Bindeglied zwischen der Welt und Gott bei Simone Weil, in: Schriftenreihe der katholischen Akademie Köln 2001. 1-26.
Lamprecht L, Reading Matthew 6:13A ('Lead us not into temptation), in: Journal of Early Christian History, 6, 3, 2016, 22 – 42.
Milton E., „Deliver us from the Evil Imagination": Matt 6,13B in the light oft he Jewish doctrine oft he Yeser Hara, in: Religious Studies and Theology, 1995, 52-76.
Suzuki D.T., Die große Befreiung. Einführung in den Zen-Buddhismus. O.W. Barth. Frankfurt a. M. 2005.
Theissen G., Soziologie der Jesusbewegung. Ein Beitrag zur Entstehungsgeschichte des Urchristentums, Kaiser, München 1977.
Vinzent Markus, Warum überhaupt beten? Meister Eckharts "Vater-Unser" Auslegung, Domradio Köln 26.11.2010.
Wright Tom, The Lord and His Prayer. Society for Promoting Christian Knowledge, London 1996.